RUCKSÄCKE NÄHEN

Streetstyle selbstgemacht

CV

LIEBE LESERINNEN UND LESER,

Nähen, designen, hochwertige Materialien verarbeiten und der Austausch mit anderen Nähbegeisterten macht mich sehr glücklich. Irgendwie hatte ich immer das Gefühl, dass es dem DIY-Sektor noch ein wenig an Minimalismus fehlt. Bunte Blümchenstoffe mit Rüschenverzierungen gibt es zu genüge, ich möchte zeigen, dass klare Linien und durchdachtes Design genauso dazugehören. Deshalb habe ich mich im August 2016 selbstständig gemacht und mein Label SiRA – sewing is real art gegründet. „NÄHEN IST WAHRE KUNST", das ist das Motto unter dem SiRA steht.
Taschendesign hat mich schon immer besonders interessiert. Und da der Rucksack-Trend gerade unübersehbar ist, habe ich mich begeistert in mein erstes Buchprojekt gestürzt, dessen Verwirklichung ihr nun vor euch liegen habt.
Die 15 Rucksackmodelle in diesem Buch sind unglaublich abwechslungsreich und tragen durch das moderne und cleane Design meine Handschrift. Stoffvielfalt und hochwertige Materialien waren mir dabei ein besonderes Anliegen.
Ich hoffe, ihr findet hier euren neuen Alltagsbegleiter.

Viel Spaß beim Nähen wünscht,

Theresa Bachler

SiRA

sewing is real art

In einer Zeit, in der wir immer mehr Sachen digital erledigen, ist es umso wichtiger auch wieder etwas mit den eigenen Händen zu gestalten – und was gibt es Schöneres, als die eigenen Kleidungstücke, Rucksäcke, Taschen, Kindersachen und Geschenke herzustellen?
Und so einfach geht es: Wähle dein Wunschmodell aus und bestelle es. Ich mache den Rest: ich schneide die Schnittteile für dich zu, packe die Anleitung und alle für das Modell benötigten Zutaten in unsere SiRA-Cement Bag und schicke es dir. Sobald du das Nähpaket erhältst, kannst du direkt mit dem Nähen beginnen und Spaß haben! Es gibt verschiedene Nähpakete in unterschiedlichen Schwierigkeitsgraden. Dank der, in den Nähpaketen enthaltenen bebilderten Anleitung, wird dir Schritt für Schritt erklärt, wie du zu deinem genähten Werk kommst. Eine Besonderheit meiner Produkte ist sicherlich auch das Design, das sehr vom skandinavischen aber auch japanischen Stil geprägt ist – also puristisch, clean und minimalistisch. Bei der Zusammenstellung der Nähpakete verwende ich ausschließlich Material von europäischen, bevorzugt regionalen Firmen z. B. Stoffhersteller aus Österreich, Lederhersteller aus Spanien, und Nähzubehör aus Deutschland. Ich lege großen Wert auf fair produzierte Materialien.

Mit SiRA kannst du in den Zeiten der Massenproduktion und der Fast-Fashion selber produktiv werden, anstatt billig hergestellte Wegwerfprodukte zu kaufen. SiRA bestärkt den Trend zum Selbermachen und schenkt dir das Erfolgserlebnis, mit den eigenen Händen etwas Schönes geschaffen zu haben. Als Alternative zur Massenproduktion unterstützt du somit auch nicht die Ausbeutung der Arbeiter(innen), die in der konventionellen Textilindustrie leider zum Alltag gehört.

Ausgewählte Nähpakete wird es auch zu diesem Buch geben. Schaut einfach in meinem Onlineshop vorbei:
sewingisrealart.com

INHALT

T.B

RUCKSACKTASCHE

Größe: 34 x 53 x 3,5 cm • Schnittteil 1 auf Bogen A

MATERIAL

- Leinenstoff: 50 x 140 cm in Hellblau
- Futter: 50 x 140 cm in Grau
- Klebevlies (Vliesofix): 50 x 135 cm
- Einlage (H 180): 8 x 20 cm
- 275 cm Lederriemen, 1,5 cm breit in Hellbraun
- ca. 140 cm vorgefalztes Schrägband, 1 cm fertige Breite in Grau
- 3 Druckknöpfe, 12 mm Ø in Silber
- 6 Hohlnieten, 7,5 mm Ø in Silber
- 2 Karabinerhaken, 2 cm breit in Silber
- 2 D-Ringe, 2 cm breit in Silber
- 2 Buch-Schrauben, 10 mm Ø, 2 mm Fassung in Silber
- 2 LOXX®-Verschlüsse inkl. Werkzeug

ZUSCHNEIDEN

1,5 cm breite Nahtzugaben sind im Schnittteil und den Zuschnittmaßen bereits enthalten.

Leinenstoff:

- Vorder- & Rückteil 1x im Bruch
- D-Ring-Laschen 2 Streifen 6 x 8 cm

Futter:

- Vorder- & Rückteil 1x im Bruch

Klebevlies:

- Vorder- & Rückteil 1x im Bruch

Einlage:

- D-Ring-Laschen 2 Streifen 6 x 8 cm

SO GEHT'S

1 Leinen- und Futterstoff vorwaschen oder mit Dampf abbügeln.

2 Leinen-Zuschnitt mit Klebevlies unterbügeln, Schutzpapier abziehen und den Futter-Zuschnitt links auf links darauf bügeln.

3 Die Streifen für die D-Ring-Laschen mit Einlage unterbügeln. Streifen jeweils an den Längskanten rechts auf rechts zur Hälfte falten und die Längskanten mit 1 cm breiter Nahtzugabe zusammennähen. Streifen wenden.

Zuschneiden

2

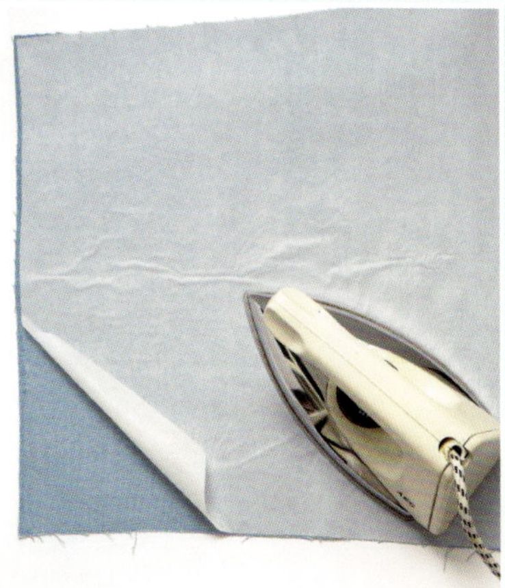

3

4 Streifen längs zur Hälfte falten, je einen D-Ring bis zur Bruchkante einschieben. Streifen zusammenstecken und die Schmalkanten im 45°-Winkel abschrägen.

5 Die D-Ring-Laschen 52 cm vom oberen Rand entfernt auf das Taschen-Vorderteil legen und mit 1 cm breiter Nahtzugabe gut festnähen (3x vor und zurück).

6 Für die Verschluss-Laschen zwei Stücke à 8 cm von dem Lederriemen abschneiden. Mit einem Markierstift die Punkte D1/N1 bzw. D2/N2 auf die Laschen übertragen. Bei den Punkten D jeweils ein Druckknopf-Oberteil anbringen.

7 Am Taschen-Vorderteil auf der rechten Seite bei den Punkten D1/D2 jeweils das Druckknopf-Unterteil anbringen. Bei den Punkten N1/N2 die Verschluss-Laschen mit einer Buchschraube befestigen. Tipp: Zur Verstärkung an den Punkten N1/N2 zuvor je ein kleines Stück Einlage unterbügeln.

8 Das Taschenteil längs rechts auf rechts zur Hälfte falten und die Seitennähte schließen.

9 Die Seitenkanten mit Schrägband einfassen.

10 Für die Bodentiefe zuerst an einer Seite die Ecke auseinander ziehen, sodass die Seitennaht und die untere Mitte rechts auf rechts aufeinander liegen – die Nahtzugabe zeigt ins Rückteil – und ein 3,5 cm breites Dreieck abnähen. Auf der anderen Seite wiederholen.

11 Den oberen Rand zuerst 4 cm breit, dann nochmals 5 cm breit nach links umbügeln. In den Umschlag (! nicht durch den gesamten oberen Rand) in der vorderen und rückwärtigen Mitte jeweils einen Druckknopf anbringen. Er zeigt zur Rucksackinnenseite.

12 Umschlag feststeppen und den Rucksack wenden.

4

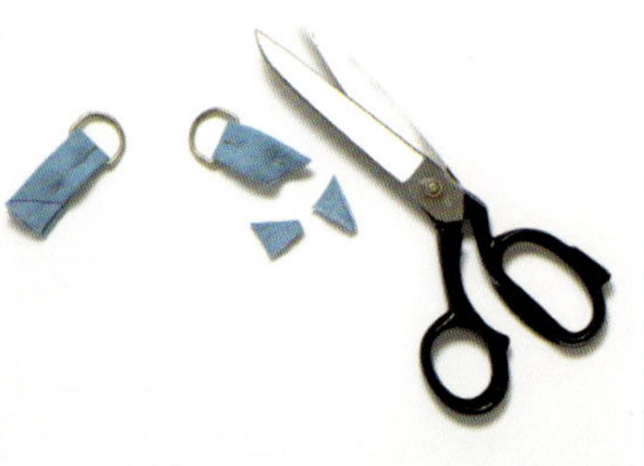

5

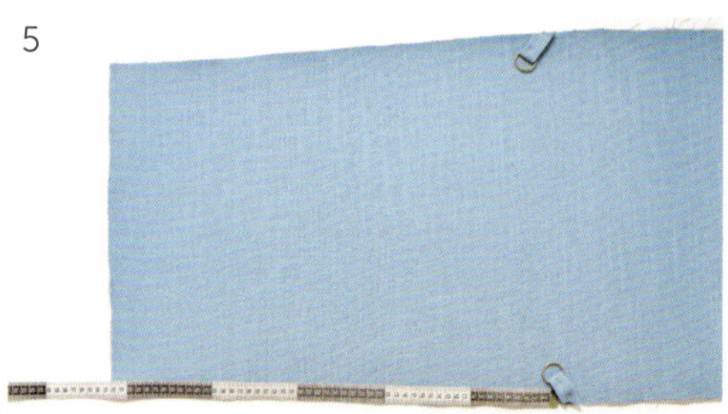

6

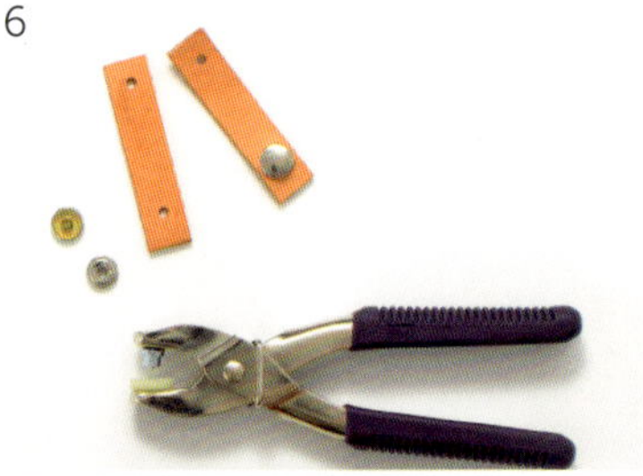

7

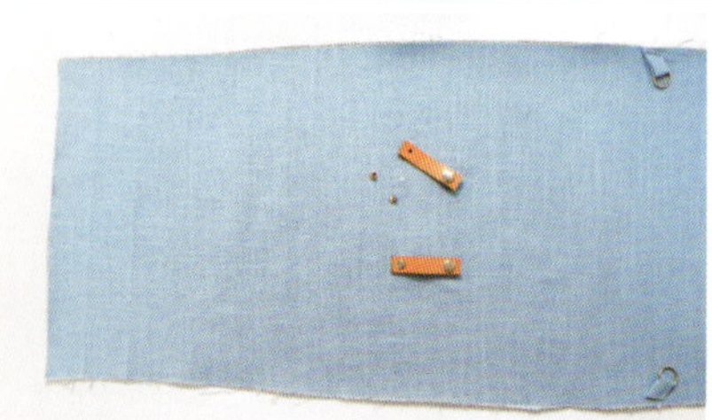

8

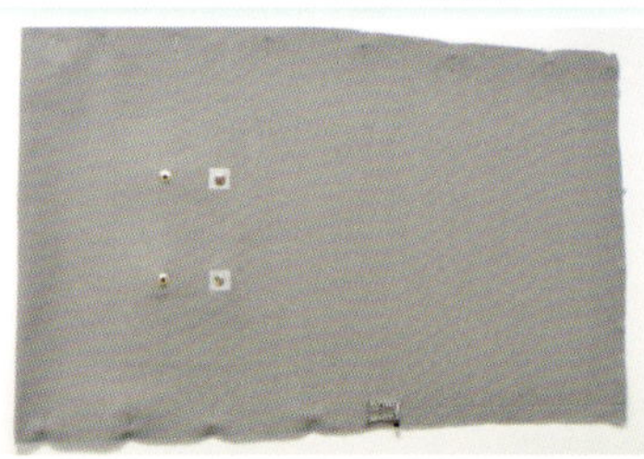

9

13 Am Rückteil im Abstand von 13 cm zur Seitennaht und 9 cm zum oberen Rand je eine Markierung für ein LOXX®-Verschluss-Vorderteil anzeichnen und dieses anbringen.

14 Für den Träger 135 cm Lederriemen abschneiden. Die Schmalkanten jeweils im Abstand von 1 cm und 5 cm lochen, einen Karabiner einfädeln und mit einer Hohlniete fixieren.

15 Träger an den D-Ringen einhängen. Mit 56 cm Abstand zum Karabiner jeweils ein LOXX®-Verschluss-Rückteil am Träger anbringen.

16 Für die Verschluss-Henkel zwei Stücke Lederriemen à 60 cm abschneiden. Die Schmalkanten jeweils im Abstand von 2 cm lochen. Am Rucksack-Vorderteil den Umschlag im Abstand von 8 cm zu den Seitennähten mittig lochen. Henkel mit Hohlnieten befestigen.

10

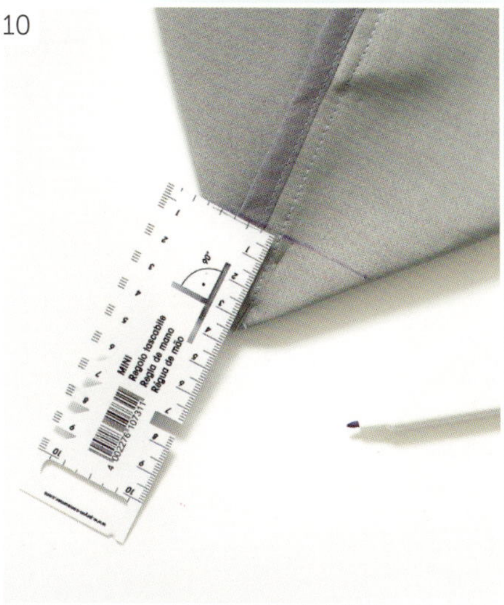

11

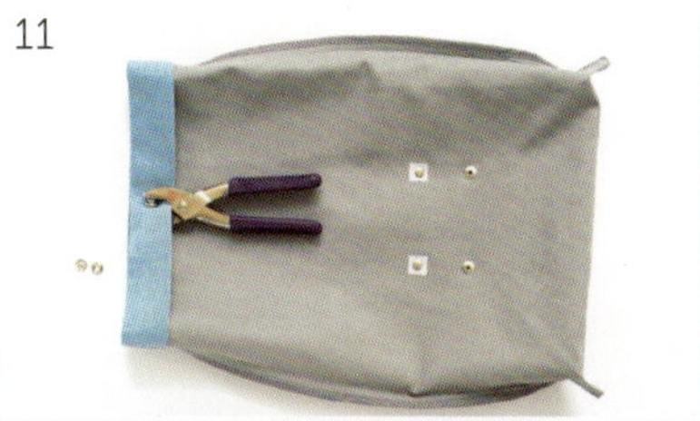

12

13

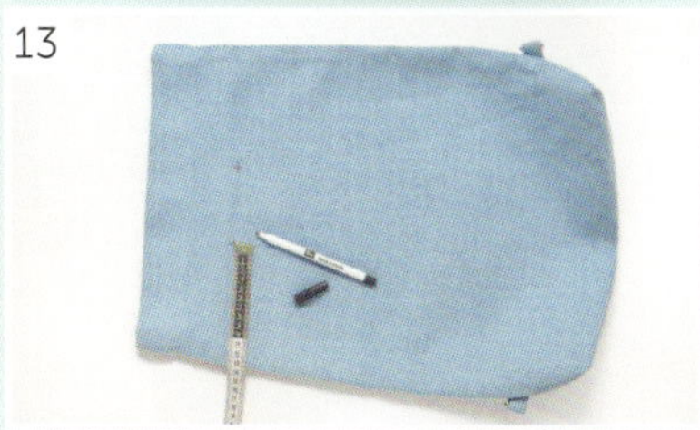

14

15

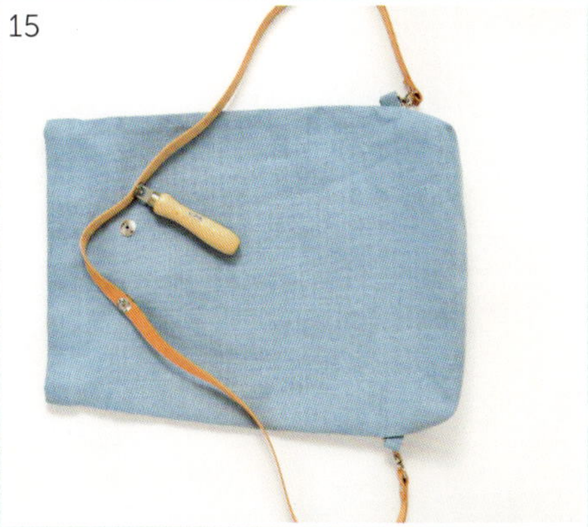

16

SNAPPAP-BAG

Größe: 32 x 50 x 10 cm • Schnittteil 2 auf Bogen A

MATERIAL

- SnapPap: 50 x 135 cm in Grau
  Hinweis: Das SnapPap vor der Verarbeitung bei 40°C in der Waschmaschine waschen, damit es die gewünschte „Knitteroptik“ bekommt.
- 4 Ösen, 14 mm Ø in Silber
- 2 Ösen, 11 mm Ø in Silber
- 900 cm Gummikordel, 2 mm Ø in Beige

ZUSCHNEIDEN

1 cm breite Nahtzugaben sind im Schnittteil und Zuschnittmaß bereits enthalten.

SnapPap:

- Vorder- & Rückteil 2x
- Ösen-Belege 6 Quadrate 5 x 5 cm

SO GEHT'S

1 Die Positionen der Ösen auf Vorder- und Rückseite übertragen und die Löcher in der entsprechenden Größe einstanzen. Vier der 5 x 5 cm Quadrate für die 14 mm Ösen lochen und zwei der Quadrate für die 11 mm Ösen lochen.

2 Die Ösen laut Packungsanleitung einstanzen, dabei je ein Quadrat zur Verstärkung mitfassen.

3 Vorder- und Rückseite rechts auf rechts legen und die Seitennähte mit 1 cm Nahtzugabe schließen.

4 Die Bodennaht zwischen den Eckpunkten schließen.

Zuschneiden

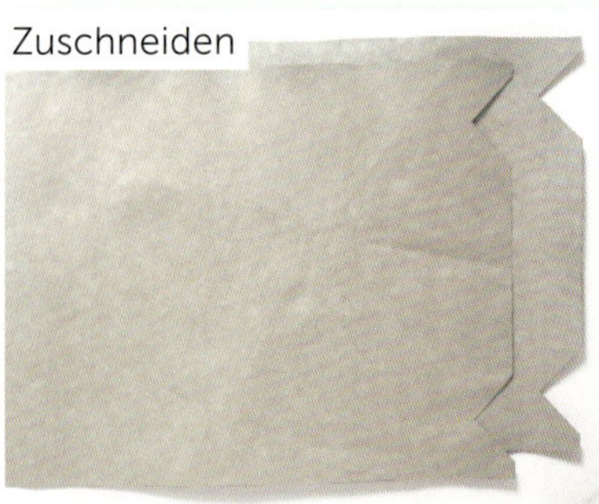

1

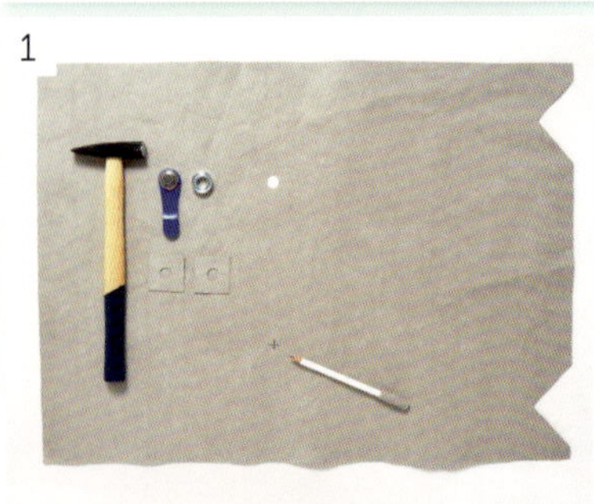

2

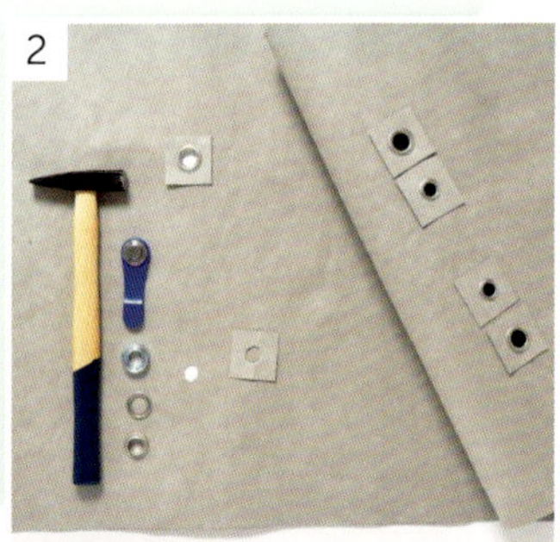

3

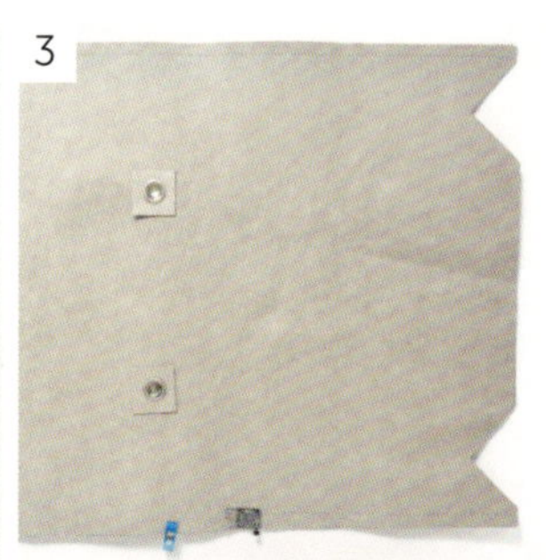

4

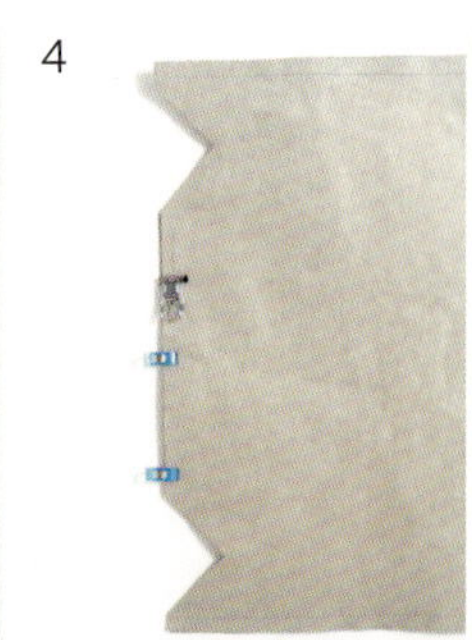

5 Ecken jeweils auseinander ziehen und schließen.

6 Den oberen Rand 5 cm breit nach links umbügeln und den Umschlag feststeppen.

7 Für die Träger von der Gummikordel 3 Stücke à 240 cm abschneiden und flechten. Das geflochtene Band sollte ca. 214 cm lang sein. Anfang und Ende mit Klebeband fixieren. Für den Griff von dem Gummiband weitere 3 Stücke à 55 cm abschneiden und ebenfalls flechten.

8 Rucksack wenden. Trägerkordel von außen durch eine große Öse im Rückteil, dann durch die entsprechende große Öse im Vorderteil führen.

9 Kordel um die linke Seitennaht legen und von hinten nochmals durch die gleiche Öse im Rückteil gehen.

10 Auf der Rucksack-Innenseite durch die 2. große Öse am Rückteil wieder nach außen gehen.

11 Kordel um die rechte Seitennaht nach vorne legen.

12 Durch die 2. Öse im Vorderteil und weiter durch die 2. Öse im Rückteil auf die Rückseite führen.

13 An beiden Seitennähten im Abstand von 5 cm zur Bodenkante 1–2 Stiche auftrennen und je ein Kordelende von außen nach innen durchstecken.

14 Rucksack auf links wenden und die geöffneten Stücke der Seitennähte inkl. Kordel zusteppen (2–3x übernähen). Griff-Kordel in die kleinen Ösen im Rückteil einfädeln und zum Ring schließen.

15 Rucksack wieder auf rechts drehen.

7

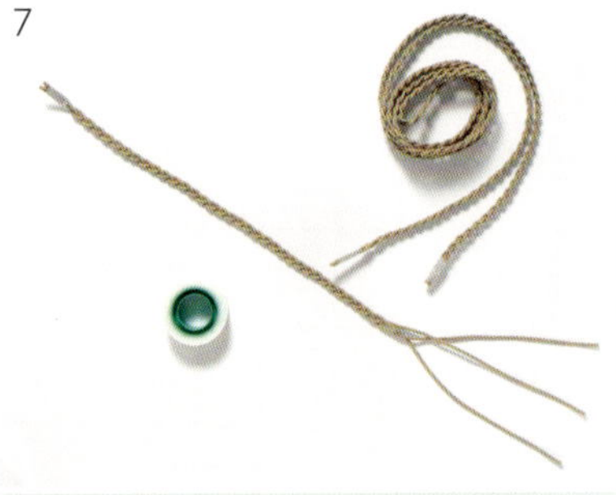

5

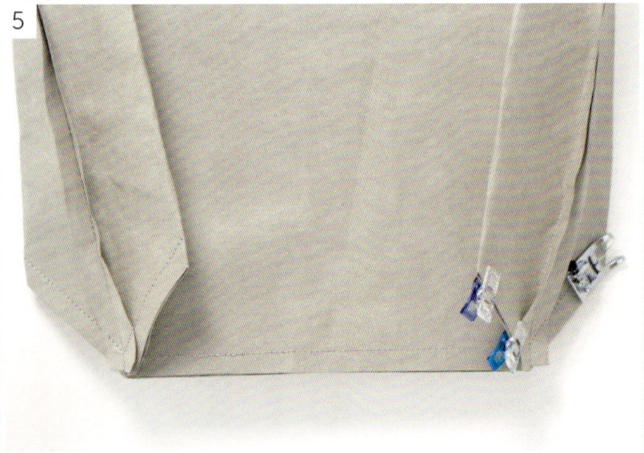

6

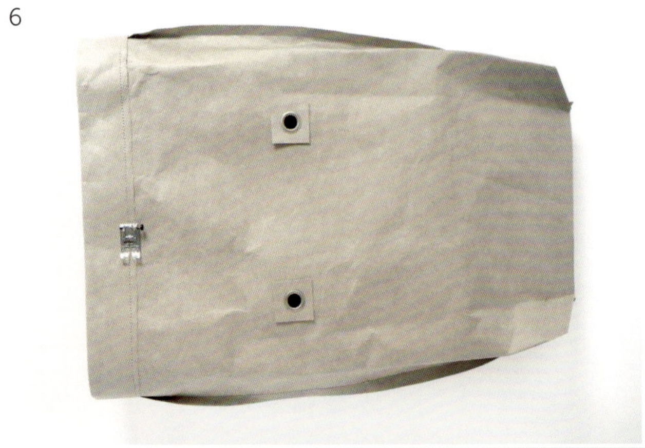

8

9

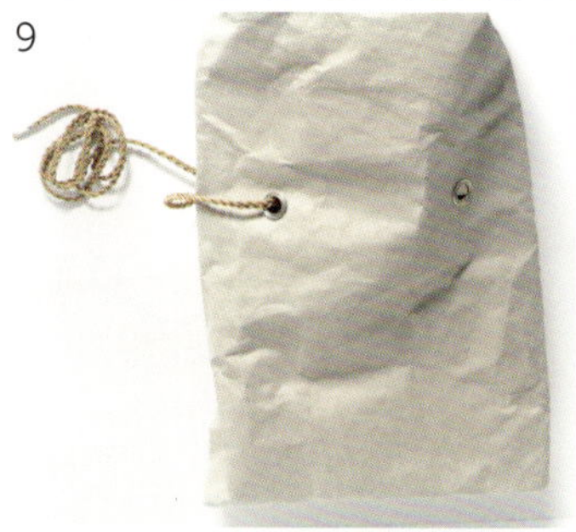

10

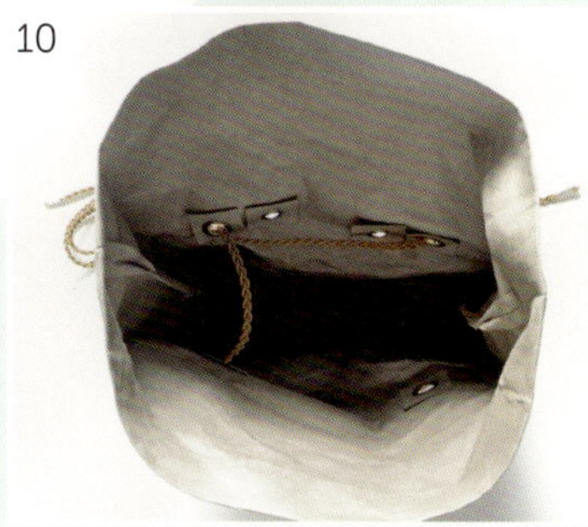

11

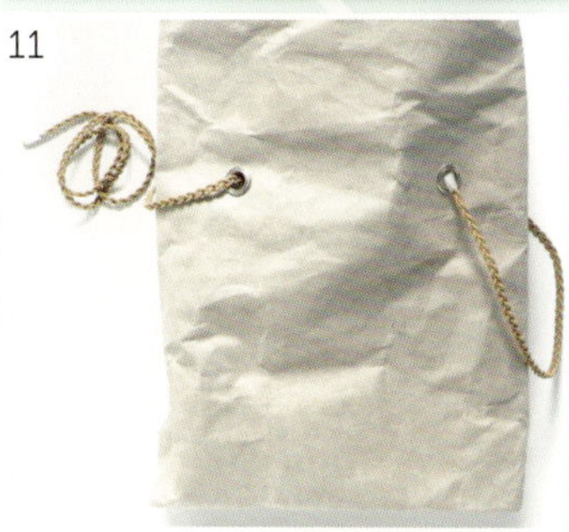

12

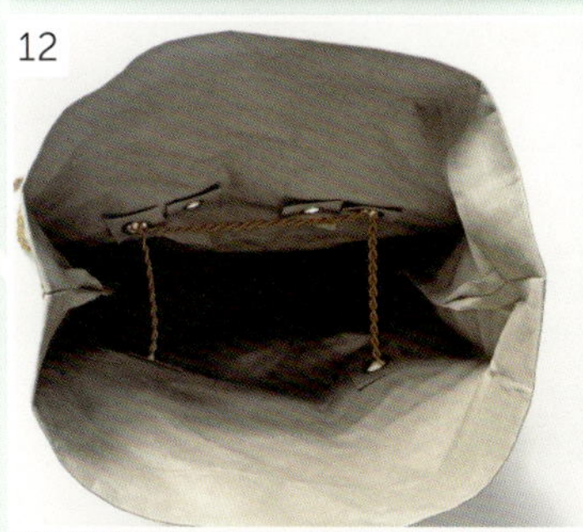

13

14

FRANSENRUCKSACK

Größe: 26 x 34 x 6 cm • Schnittteile 3a und b auf Bogen A

MATERIAL

- Wildleder: ca. 100 x 100 cm in Grau
- Futter: 50 x 90 cm in Dunkelgrau
- Ledereinlage (LE 420): 100 x 90 cm
- Einlage (Decovil): 15 x 30 cm
- Klebevlies (Vliesofix): 30 x 40 cm
- 5 D-Ringe, 2 cm breit in Silber
- 185 cm Kordel, 6 mm Ø in Grau
- 2 Anorak-Druckknöpfe in Silber

ZUSCHNEIDEN

1,5 cm breite Nahtzugaben sind in den Schnittteilen und den Zuschnittmaßen bereits enthalten.

Wildleder:

- Vorder- & Rückseite 2x
- Klappe 2x
- Fransen 2 Rechtecke 30 x 18 cm
- Zier-Lasche 1 Streifen 7 x 16 cm
- Griff 1 Streifen 3 x 46 cm
- Träger 2 Streifen 3 x 80 cm
- D-Ring-Laschen 4 Streifen 2,5 x 15 cm

Futter:

- Vorder- & Rückseite 2x

Ledereinlage:

- Vorder- & Rückseite 2x
- Klappe 2x
- Zier-Lasche 1 Streifen 7 x 16 cm
- Griff 1 Streifen 3 x 46 cm
- Träger 2 Streifen 3 x 80 cm

Einlage:

- Boden 1 Rechteck 25 x 11 cm

Klebevlies:

- Fransen 1 Rechteck 30 x 18 cm
- D-Ring-Laschen 4 Streifen 2,5 x 15 cm

SO GEHT'S

1 Die Vorder- und Rückseite sowie die Klappen aus Leder mit Ledereinlage unterbügeln.

2 Die Fransen-Rechtecke mit Hilfe des Klebevlieses zusammenbügeln.

3 Das Fransen-Teil mit der oberen Längsseite 1,5 cm breit überstehend an die obere Kante der Schneidematte legen, 1,5 cm auf die Rückseite der Matte falten und mit transparentem Klebestreifen festkleben. Die untere Längsseite des Rechtecks auf der Matte festkleben. Dann parallel zur Schmalseite 5 mm breite Streifen mit dem Rollmesser schneiden. An der unteren Längsseite das Stück mit Klebestreifen abschneiden. Fransenteil von der Matte abziehen.

Zuschneiden

1

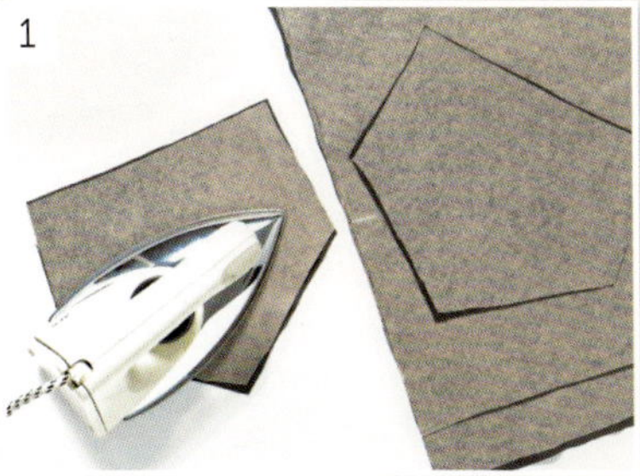

2

4 Fransen an der oberen Längsseite in der Mitte einknipsen. Fransen-Mitte an einer Klappe in der vorderen Mitte auflegen, dann die Fransen an die schrägen Klappenkanten legen und mit Klipsen fixieren. Fransen anheften.

5 Zweites Klappenteil rechts auf rechts auflegen und die Teile zusammennähen. Der obere Rand bleibt zum Wenden offen. Nahtzugaben an den Ecken bis 5 mm vor die Naht zurückschneiden. Klappe wenden und die verstürzten Kanten knapp absteppen.

6 Zier-Lasche mit Ledereinlage unterbügeln. Den Streifen an den Längskanten rechts auf rechts zur Hälfte legen und die Längskanten zusammennähen. Streifen wenden. Eine Streifen-Schmalseite 4 cm weit umlegen, einen D-Ring bis zur Bruchkante einlegen und den Umschlag bei 3 cm quer feststeppen.

7 Die Zier-Lasche zentriert mit Lederklebeband auf der Klappe platzieren und beide Längsseiten knappkantig aufsteppen.

8 Alle 4 D-Ring-Streifen mit Klebevlies unterbügeln. Schutzfolie abziehen, Streifen im Bruch (noch ohne D-Ring) zusammenbügeln = 4 Streifen à 2,5 cm x 7,5 cm. In die Streifen die D-Ringe einlegen, die Streifen nochmals längs zur Hälfte falten und mit Klammer fixieren.

9 Die D-Ring-Laschen laut Schnittmarkierung auf ein Taschenteil (= Rückseite) heften.

10 Die Klappe rechts auf rechts an den oberen Rand der Rückseite nähen.

11 Das Vorderteil rechts auf rechts auf das Rückteil legen und die Seitennähte sowie die Bodennaht schließen. Nahtzugaben auseinander streichen. Futterteile in gleicher Weise zusammennähen, hier jedoch an einer Seitennaht ca. 10 cm zum Wenden offen lassen.

12 Für die Bodentiefe an beiden Beuteln jeweils zuerst an einer Seite den Eck-Ausschnitt auseinander ziehen, sodass die Seitennaht und die Bodennaht rechts auf rechts aufeinander liegen – die Nahtzugaben auseinander legen – und die offene Kante schließen. Auf der anderen Seite wiederholen.

3
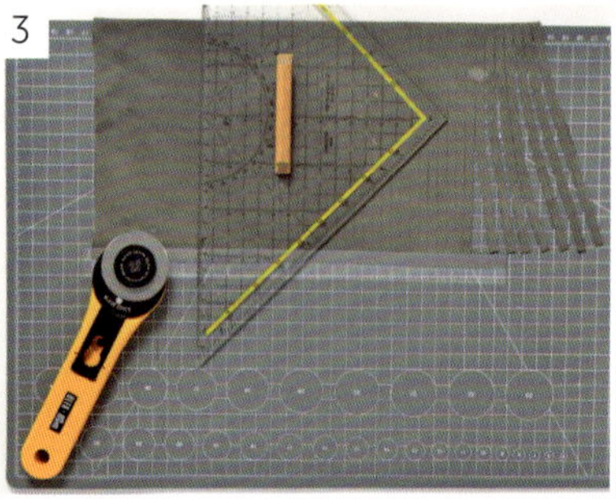

4
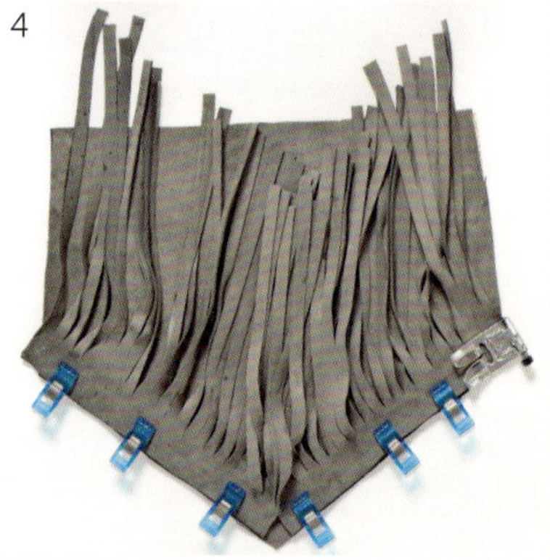

5
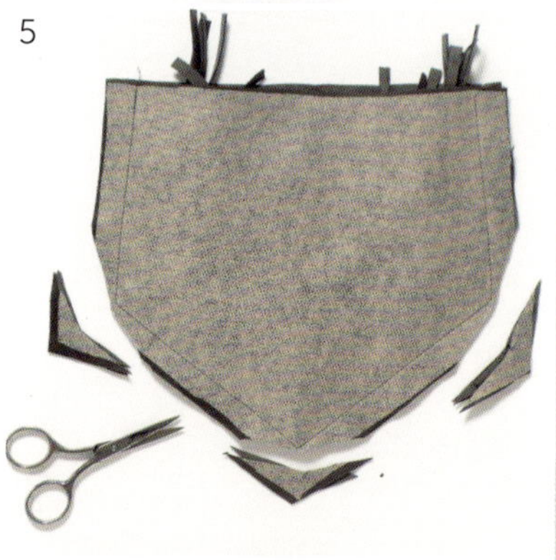

6
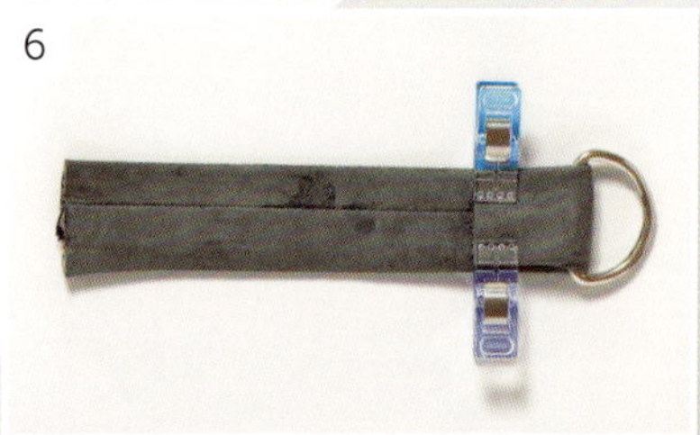

7

8

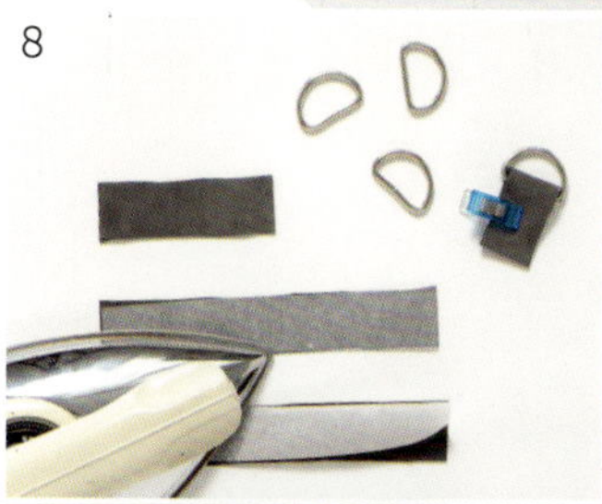

9

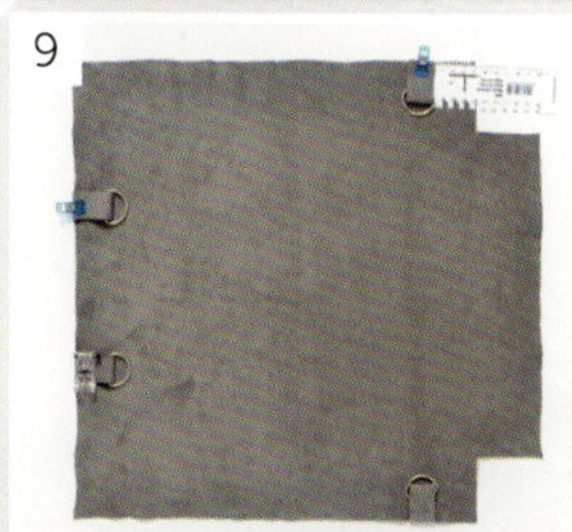

10

11

12

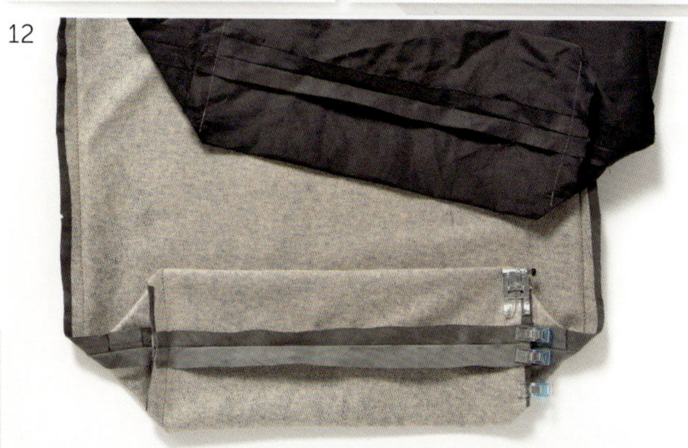

13 Das Einlage-Rechteck am Boden auf die Lederrückseite bügeln.

14 Futter rechts auf rechts in den Lederbeutel stecken. Die oberen Ränder zusammennähen. Rucksack durch die Öffnung im Futter wenden.

15 Die Wendeöffnung schließen. Futterbeutel in den Lederbeutel stecken.

16 Den oberen Rand knappkantig absteppen, dabei die Klappe hochlegen. Rucksack nochmals auf links wenden und die Druckknöpfe laut Schnittmarkierung anbringen.

17 Griff-Streifen mit Ledereinlage unterbügeln. 38 cm Kordel abschneiden. Den Streifen links auf links, längs zur Hälfte falten, die Kordel mittig ausgerichtet bis zur Buchkante zwischen die Lagen schieben und so knapp wie möglich neben der Kordel absteppen. (An Streifenanfang und -ende bleiben je 4 cm ohne Kordelfüllung.) Nahtzugaben auf 3 mm zurückschneiden.

18 Die Trägerstreifen mit je 72 cm Kordel in gleicher Weise nähen. Griff und Träger in die D-Ringe einlegen, Streifenenden je 3 cm breit umlegen und quer zusammensteppen.

13
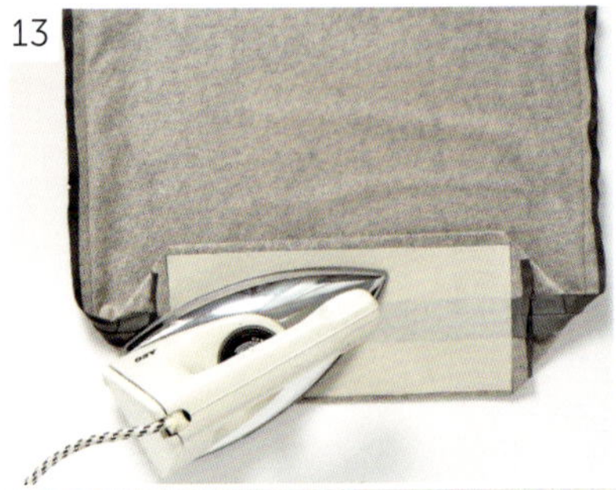

14
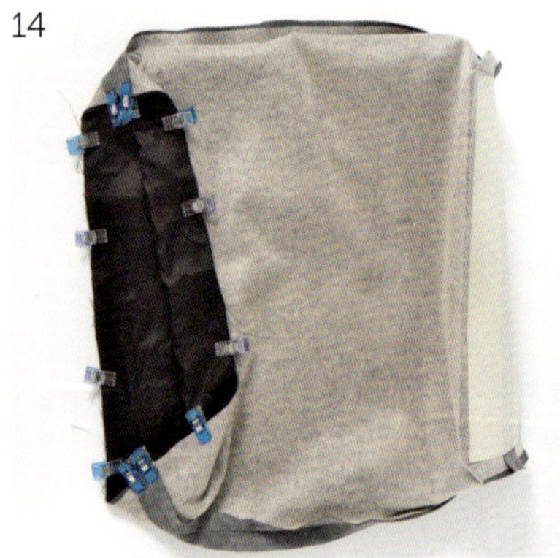

15
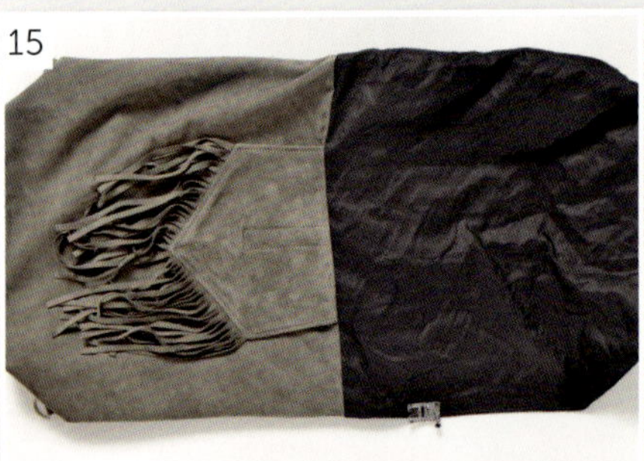

17

16

18
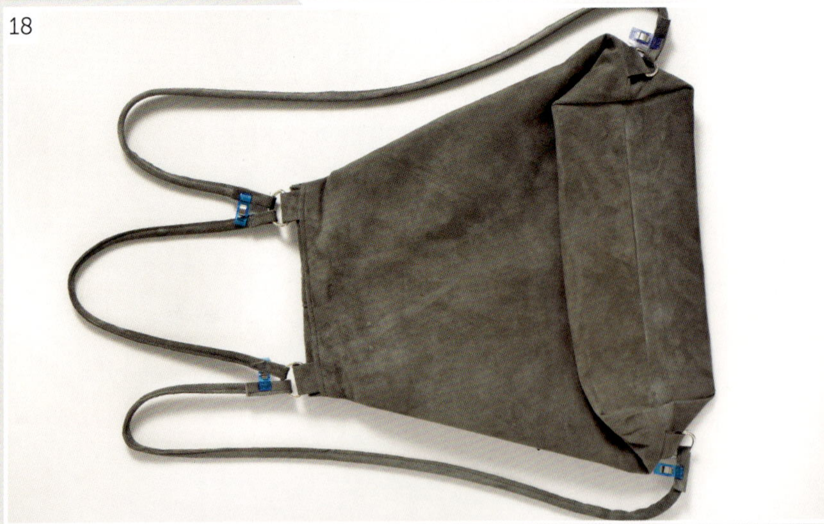

CORDRUCKSACK

Größe: 38 x 27 x 8 cm • Schnittteile 4a–e auf Bogen A

MATERIAL

- Babycord: 100 x 150 cm in Mittelbraun
- Futter: 60 x 140 cm in Grau
- Einlage (Decovil): 35 x 90 cm
- Klebevlies (Vliesofix): 60 x 100 cm
- Gewebeeinlage (G 700): 45 x 90 cm
- 1 teilbarer Metall-Reißverschluss in Grau, 70 cm lang
- 1 Jersey-Druckknopf, 10 mm Ø in Silber
- 2 Leiterschnallen, 2 cm breit in Silber
- ca. 300 cm vorgefalztes Schrägband, 1 cm fertige Breite in Grau

ZUSCHNEIDEN

1,5 cm breite Nahtzugaben sind in den Schnittteilen und den Zuschnittmaßen bereits enthalten.

Zuschneiden

Cordstoff:

- Vorder-& Rückteil 2x
- Seitenteil 1x
- Boden 1x
- Tasche 2x
- Klappe 2x
- Träger 4 Streifen 8 x 52 cm
- Griff 1 Streifen 8 x 22 cm

Futter:

- Vorder-& Rückteil 2x
- Boden 1x

Einlage:

- Vorder-& Rückteil 1x
- Boden 1x
- Klappe 1x

Klebevlies:

- Vorder-& Rückteil 2x
- Seitenteil 1x
- Boden 1x

Gewebeeinlage:

- Tasche 2x
- Träger 4 Streifen 8 x 52 cm
- Griff 1 Streifen 8 x 22 cm

1

2

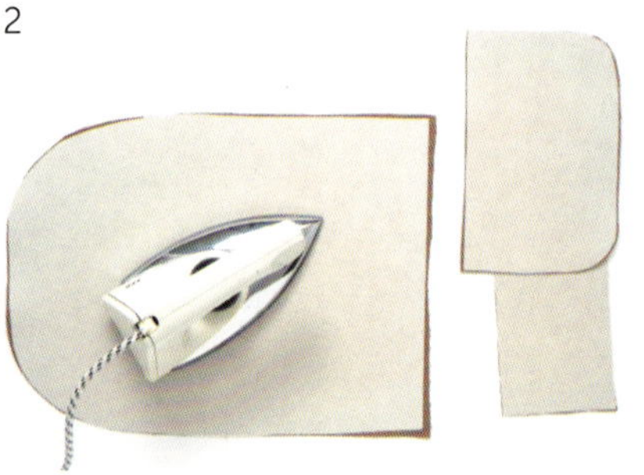

3

4

5

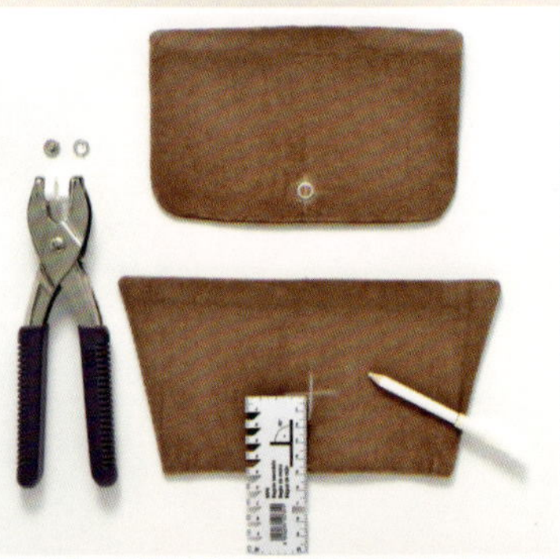

6

7

SO GEHT'S

1 Taschenteile mit Gewebeeinlage unterbügeln.

2 Boden, Rückseite und ein Klappenteil mit Einlage unterbügeln. Dann die Vorderseite, die Rückseite, den Boden sowie das Seitenteil aus Oberstoff mit Hilfe des Klebevlieses mit den entsprechenden Futterteilen links auf links zusammenbügeln.

3 Jeweils die Taschenteile sowie die Klappenteile miteinander verstürzen.

4 Die Nahtzugaben zurückschneiden.

5 An Tasche und Klappe den Druckknopf laut Schnittmarkierung anbringen.

6 Taschenposition laut Schnittmarkierung mit Kreide auf das Vorderteil übertragen. Die Tasche auf das Vorderteil legen und knappkantig feststeppen.

7 Die Klappe oberhalb der Tasche auflegen und 1 cm breit sowie mit einer zweiten Naht knappkantig feststeppen.

8 Den Seitenstreifen an das Vorderteil stecken und an den Seiten die unteren 12,5 cm festnähen, dabei am unteren Rand die Naht jeweils genau im Eckpunkt beginnen bzw. beenden (= 1,5 cm von der Schnittkante entfernt).

9 Die Schnittkanten der 12,5 cm langen Nähte mit Schrägband einfassen.

10 Reißverschluss an das Vorderteil nähen.

11 Die Nahtzugabe der Vorderteilkante bis zum Reißverschluss zurückschneiden; die Naht von rechts knappkantig absteppen. Die 2. Reißverschlussseite genauso an das Seitenteil nähen und absteppen.

12 Träger- und Griffstreifen mit Gewebeeinlage unterbügeln. Alle Streifen längs, links auf links zur Hälfte bügeln, auffalten und die Schnittkanten Richtung Bruchfalz bügeln. Bei zwei der 52 cm langen Streifen zusätzlich eine Schmalkante 1 cm breit nach links umbügeln. Alle Streifen an den eingeschlagenen Kanten knappkantig absteppen.

13 Die Streifen, bei denen die Schmalkanten noch offen sind, zur Hälfte falten und je eine Leiterschnalle einlegen. Bänder so knapp wie möglich hinter der Schnalle quer zusammensteppen.

14 Griffenden mit 4 cm Abstand zueinander mittig auf das Rückteil legen, seitlich anschließend die Träger ohne Schnalle auflegen. Die Träger mit Schnalle im Abstand von 6 cm zum unteren Rand im 45°-Winkel auflegen. Alle Teile anheften.

15 Rückteil an das Seitenteil nähen; Schnittkanten mit Schrägband einfassen.

16 Reißverschluss öffnen! Den Boden mit den Längsseiten an den unteren Rand der Vorder- und Rückseite stecken, jeweils diese Kanten zusammennähen und mit Schrägband einfassen.

17 Anschließend die Kanten von Seitenstreifen und Boden zusammennähen und ebenfalls mit Schrägband versäubern.

8
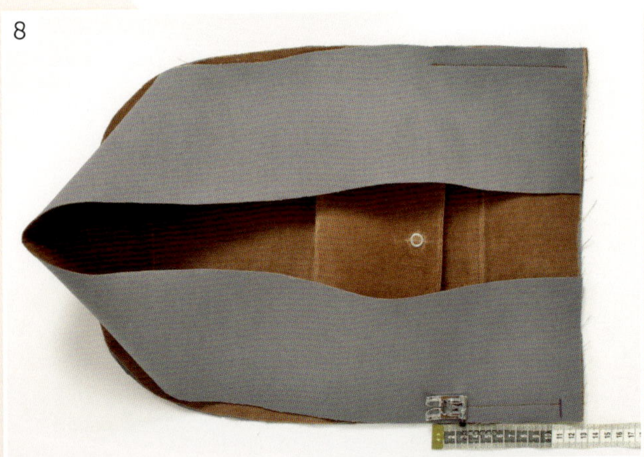

9
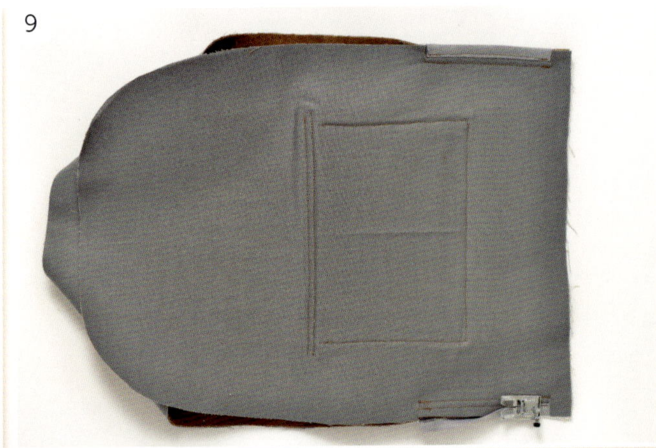

18 Rucksack wenden. Träger einschlaufen.

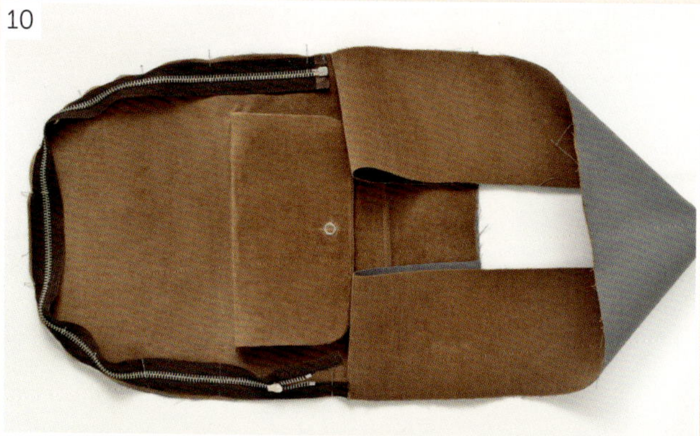
10

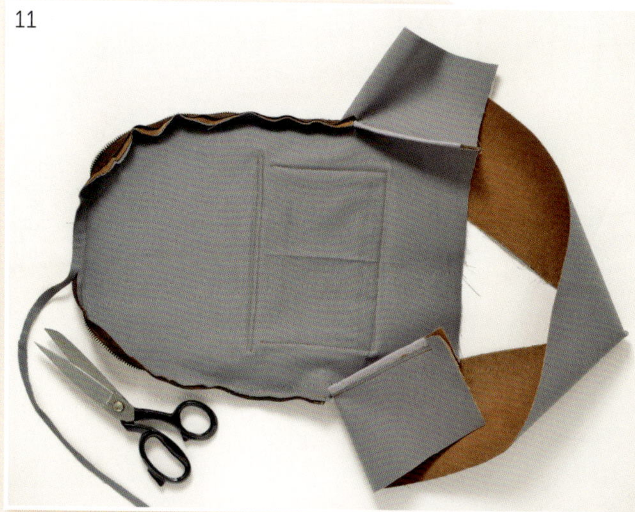
11

12

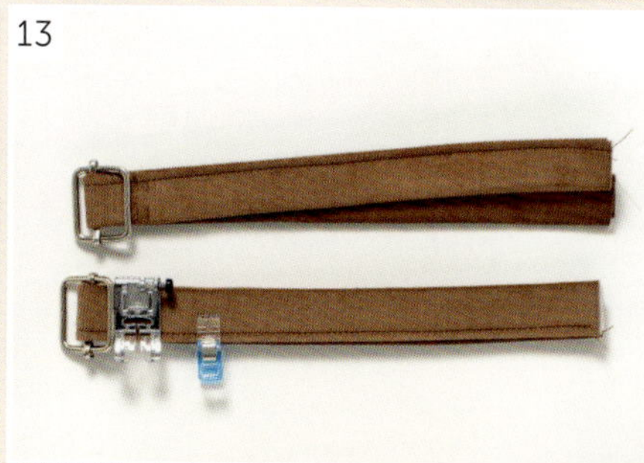
13

14

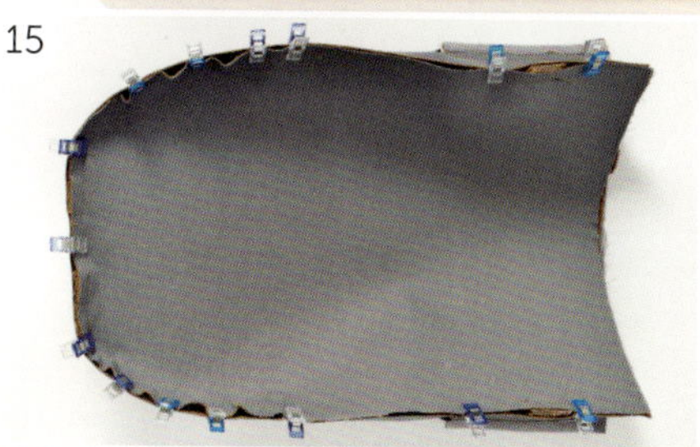
15

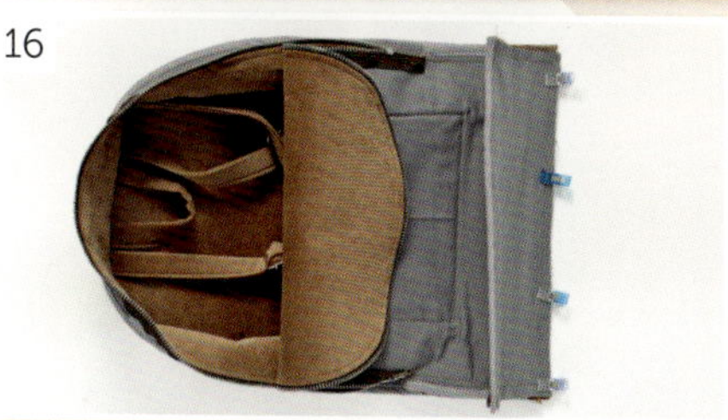
16

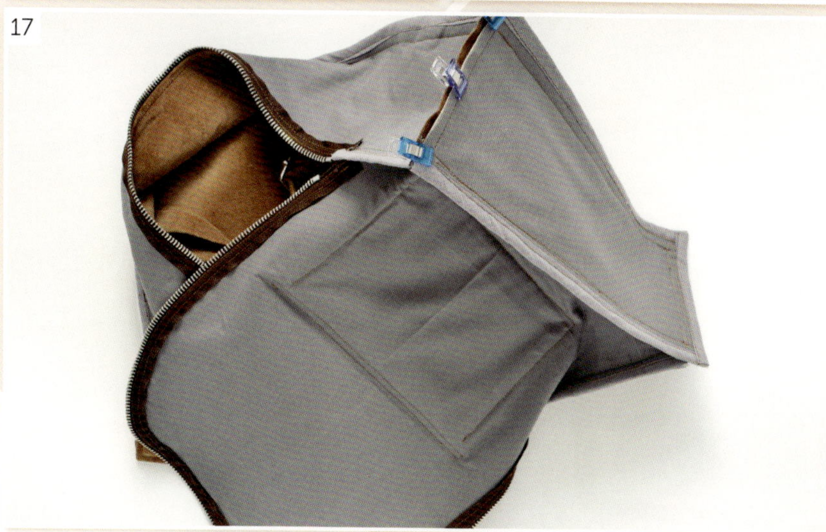
17

MINIRUCKSACK MIT FRANSEN

Größe: 40 x 32 x 5 cm • Schnittteile 5a–d auf Bogen A

MATERIAL

- Baumwollstoff: 100 x 110 cm in Mint-Schwarz-Weiß gemustert
- Leder: 15 x 90 cm in Schwarz
- Futter: 50 x 100 cm in Schwarz
- Einlage (Decovil): 35 x 40 cm
- Gewebeeinlage (G 700): 85 x 90 cm
- 1 teilbarer Metall-Reißverschluss, 30 cm lang
- 1 Taschengriff in Schwarz, ca. 14,5 x 11 cm
- 300 cm Schnürsenkel oder dünne Kordel in Schwarz
- 2 Leiterschnallen, 2 cm breit in Silber
- 2 D-Ringe, 2 cm breit in Silber
- 4 Hohlnieten, 7,5 mm Ø in Silber

ZUSCHNEIDEN

1,5 cm breite Nahtzugaben sind in den Schnittteilen und den Zuschnittmaßen bereits enthalten.

Baumwollstoff:

- Rückteil inkl. Klappe 1x
- Klappe 1x
- Vorderteil 1x

Futter:

- Vorderteil 2x

Einlage:

- Klappe 1x

Gewebeeinlage:

- Vorderteil 2x
- Klappe 1x

Leder:

- Verschluss-Lasche 1x
- Träger 2 Streifen 2 x 85 cm
- D-Ring-Laschen 2 Streifen 2,5 x 8 cm
- Griff-Befestigung 2 Streifen 1 x 5 cm

SO GEHT'S

1 Am Rückteil von links die Einlage auf die Klappe bügeln, dann die Gewebeeinlage auf das untere Stück bügeln, dabei überlappt diese die Einlage auf der Klappe etwas.

2 Klappe und Vorderteil mit Gewebeeinlage unterbügeln. Reißverschluss öffnen. Reißverschluss-Hälften jeweils an der Eingriffkante rechts auf rechts an Klappe und Vorderteil nähen.

Zuschneiden

1

2

3 Ein Futter-Vorderteil rechts auf rechts an die Klappe nähen. Nahtzugaben ins Futter legen und knapp neben den Reißverschlusszähnchen absteppen.

4 Das 2. Futter-Vorderteil rechts auf rechts an die Eingriffkante des Vorderteils nähen. Lagen links auf links wenden. Knapp neben den Reißverschlusszähnchen absteppen.

5 Die Klappe rechts auf rechts auf das Rückteil legen. NUR die Klappenteile rundum zusammennähen, Anfangs- und Endpunkt ist jeweils an der Reißverschluss-Naht.

6 Die Ecken der Klappe schräg abschneiden. Am Nahtende bzw. -anfang die Nahtzugaben bis knapp vor den letzten Stich quer einschneiden. Klappe links auf links wenden.

7 An der Verschluss-Lasche 1,5 cm parallel zur unteren Kante Punkte im Abstand von 1,5 cm zueinander markieren und anschließend lochen.

8 Aus dem Schnürsenkelband 18 Stücke à 17 cm Länge schneiden und in die Löcher der Verschluss-Lasche knoten.

9 Die Verschluss-Lasche mit 11 cm Abstand zum Reißverschluss auf das Vorderteil legen und die seitlichen Kanten anheften. Die Streifen für die D-Ring-Laschen jeweils zur Hälfte falten und einen D-Ring bis zur Bruchkante einschieben. Laschen mit 27 cm Abstand zum Reißverschluss an die seitlichen Kanten des Vorderteils legen und mit kleinen Stichen fest annähen (3x vor und zurück nähen).

10 Das Vorderteil rechts auf rechts auf das Rückteil legen. Seiten und unteren Rand zusammennähen.

11 Schnittkanten mit Schrägband einfassen.

12 Für die Bodentiefe zuerst an einer Seite die Ecke auseinander ziehen, sodass die Seitennaht und die untere Naht rechts auf rechts aufeinander liegen und ein 5 cm breites Dreieck abnähen. Auf der anderen Seite wiederholen. Taschenbeutel links auf links wenden. Reißverschluss schließen.

13 An den Trägern die Schmalkanten im Abstand von 1 cm und 5 cm lochen, eine Leiterschnalle einlegen und mit einer Hohlniete fixieren.

14 Träger jeweils durch einen D-Ring und anschließend durch die Leiterschnalle schlaufen.

15 Nun am Rucksack die Markierungen für die Befestigung der Trägerenden und des Taschen-

3

4

5

griffs anzeichnen. Dafür den Reißverschluss öffnen, von der Mitte aus (siehe Nadel) zu beiden Seiten im Abstand von 6 cm und 1 cm unterhalb des Reißverschlusses markieren und lochen.

16 Trägerenden im Abstand von 1 cm zur Schmalkante mittig lochen. Streifen für die Griff-Befestigung am Griff einfädeln, zur Hälfte legen und in gleicher Weise lochen. Dann je ein Trägerende und eine Griff-Befestigung mit einer Hohlniete von außen am Rucksack befestigen.

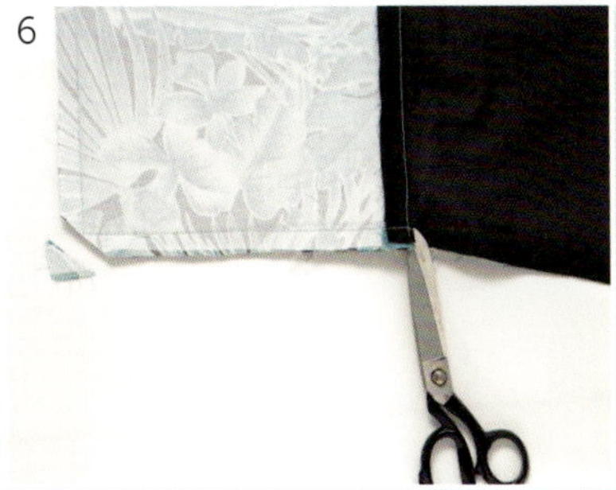
6

7

8

9

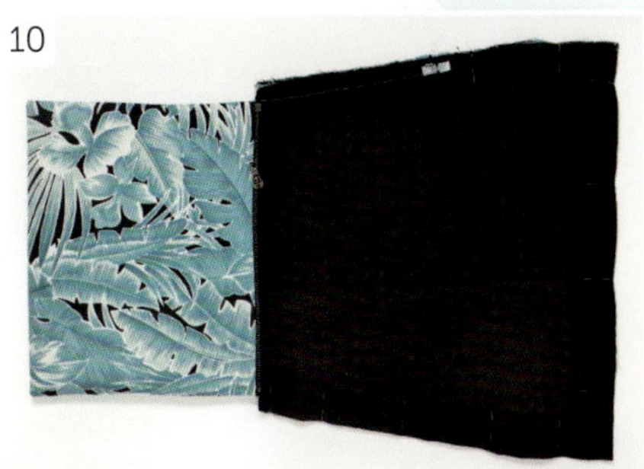
10

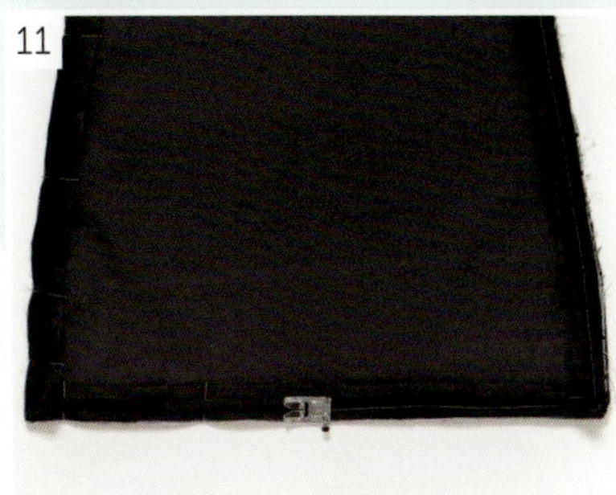
11

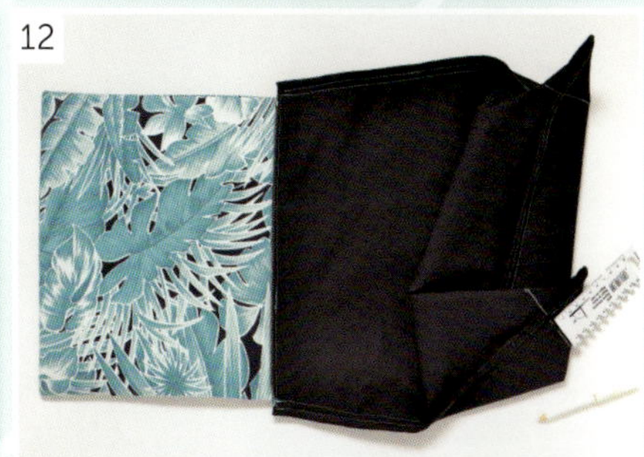
12

13

14

15

16

NOSSENSCHAFT
GEN / BADEN

STEPPMUSTER ALLOVER

Größe: 29 x 42 x 12 cm • Schnittteile 6a–f auf Bogen B

MATERIAL

- Baumwollsatin: 50 x 150 cm in Blau
- Baumwollsatin: 40 x 100 cm in Grün
- Futter: 60 x 140 cm in Grau
- Einlage (Decovil): 70 x 90 cm
- Volumenvlies mit Rauten (X 50): 35 x 90 cm
- Gewebeeinlage (G 700): 10 x 35 cm
- je 1 teilbarer Metall-Reißverschluss in Grau, 30 cm und 70 cm lang
- 2 Rundbundschnallen, 2 cm breit in Silber
- 130 cm Gurtband, 3 cm breit
- ca. 300 cm vorgefalztes Schrägband, 1 cm fertige Breite in Grau

Satin in Blau:

- Rückteil 1x
- Unteres Vorderteil 1x
- Reißverschluss-Streifen 2x
- Reißverschluss-Blende 1x
- Träger 2 Streifen 12 x 45 cm
- Griff 1 Streifen 12 x 22 cm

Satin in Grün:

- Oberes Vorderteil 1x
- Boden-/Seitenteil 1x
- Träger 2 Streifen 8 x 50 cm

Futter:

- Rückteil 2x
- Unteres Vorderteil 2x
- Reißverschluss-Streifen 2x
- Boden-/Seitenstreifen 1x

Einlage:

- Rückteil 1x
- Unteres Vorderteil 1x
- Boden-/Seitenteil 1x
- Reißverschluss-Streifen 2x

Volumenvlies:

- Rückteil 1x
- Oberes Vorderteil 1x

Gewebeeinlage:

- Reißverschluss-Blende 1x

ZUSCHNEIDEN

1,5 cm breite Nahtzugaben sind in den Schnittteilen und den Zuschnittmaßen bereits enthalten.

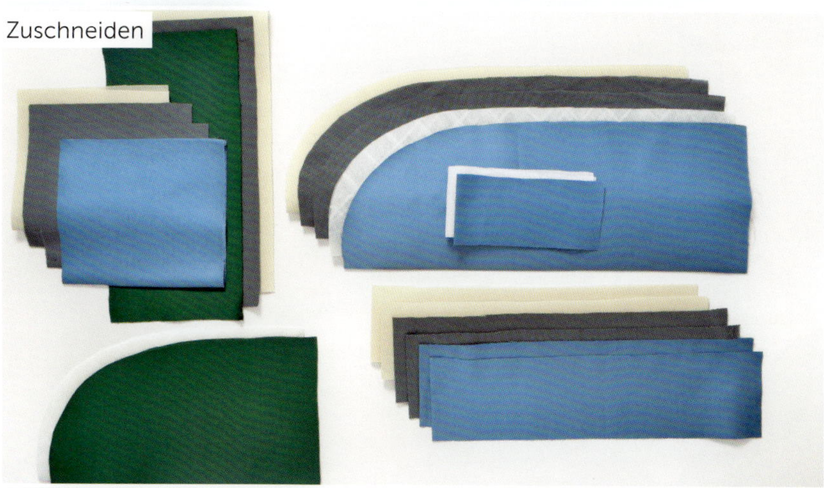

SO GEHT'S

1 Die Einlage-Zuschnitte auf die linke Seite des unteren Vorderteils, des Boden-Seitenteils und der Reißverschluss-Streifen bügeln.

2 Rückteil und oberes Vorderteil gut glatt bügeln; dann die passenden Volumenvlies-Teile auf die linken Stoffseiten bügeln. Am oberen Vorderteil die Rautenlinien mit Geradstichen nachsteppen. Am Rückteil ebenso, hier jedoch jede 2. Linie auslassen, sodass größere Rauten entstehen. Einlage auf die linke Seite des fertig gesteppten Rückteils bügeln.

3 Die Reißverschluss-Blende mit Gewebeeinlage unterbügeln; dann längs zur Hälfte bügeln. Blende an den unteren Rand des oberen Vorderteils nähen.

4 Den kurzen Reißverschluss öffnen, eine Hälfte an den unteren Rand des oberen Vorderteils, die andere Hälfte an eine Längsseite des unteren Vorderteils nähen.

5 An jede Reißverschlusshälfte ein Futterteil nähen. Auf den Futterteilen absteppen.

6 Reißverschluss schließen. Die Futterteile (= Taschenbeutel) nach unten legen und an das untere Vorderteil heften.

7 Den langen Reißverschluss öffnen. Je einen Reißverschluss-Streifen Oberstoff und Futter rechts auf rechts legen und eine Reißverschlusshälfte zwischen die Lagen nähen.

8 Auf den Futterteilen absteppen. Oberstoff- und Futterstreifen jeweils links auf links legen.

1

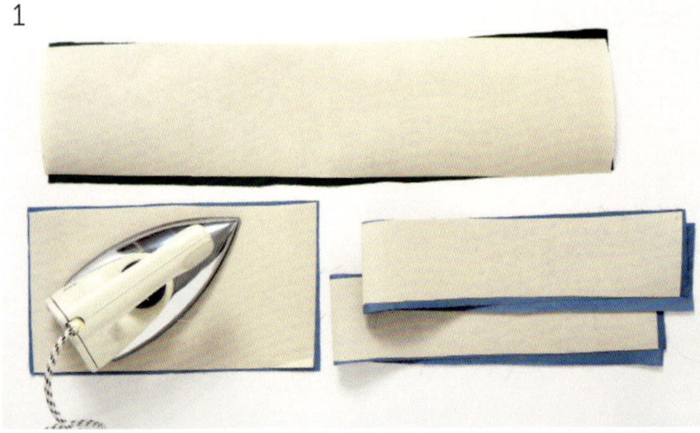

2

3

4

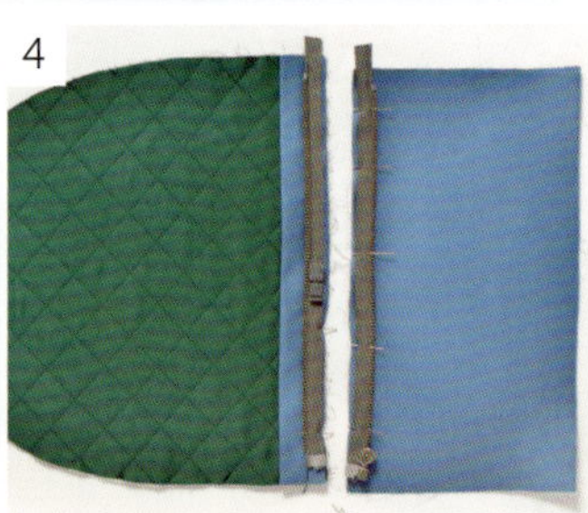

5

6

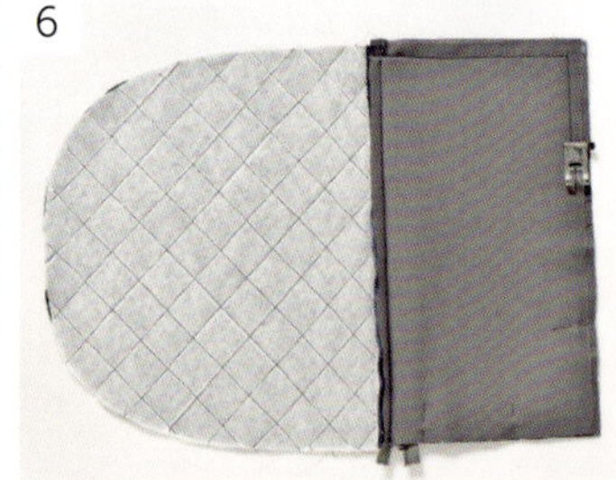

9 Das Boden-/Seitenteil aus Oberstoff rechts auf rechts auf den Reißverschluss-Streifen legen und die Schmalkanten zusammennähen. Das Boden-/Seitenteil aus Futter an den gleichen Kanten rechts auf rechts an das Boden-/Seitenteil aus Oberstoff steppen. Nahtzugaben zum Boden-/Seitenteil bügeln.

7

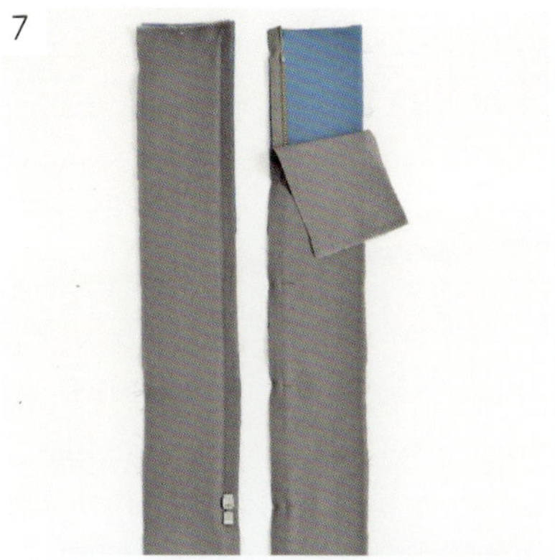

8

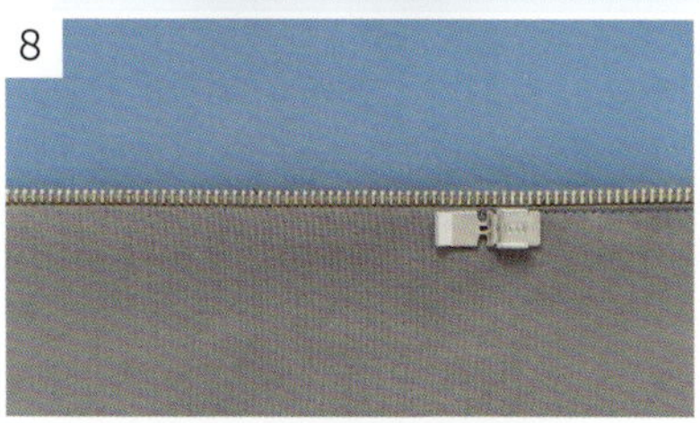

9

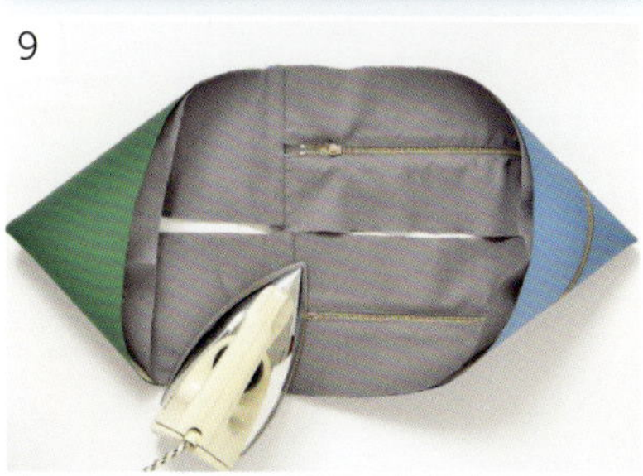

10

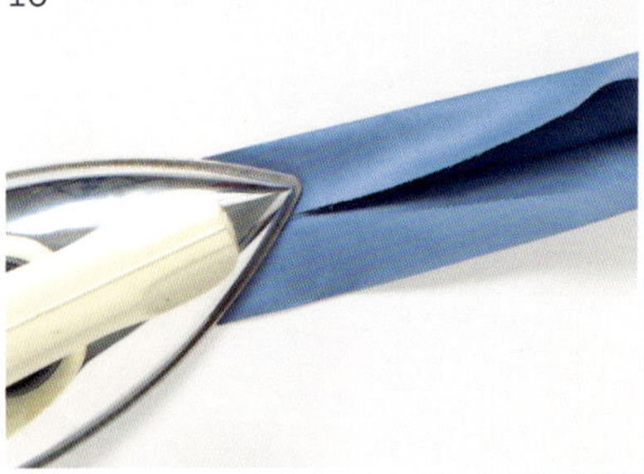

11

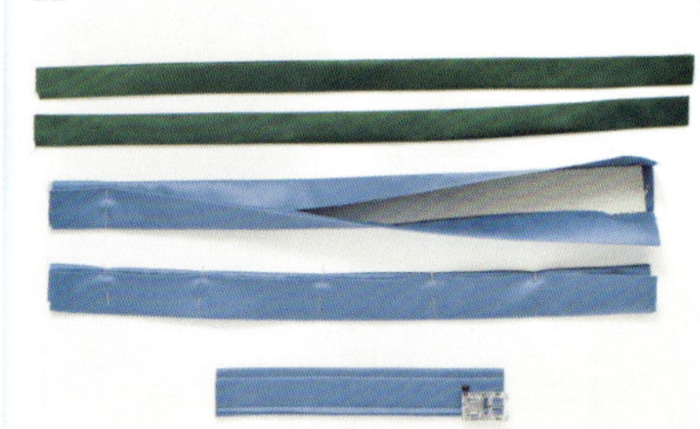

12

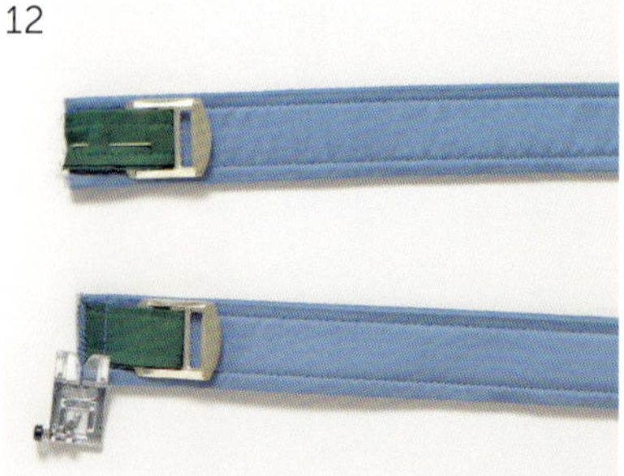

13

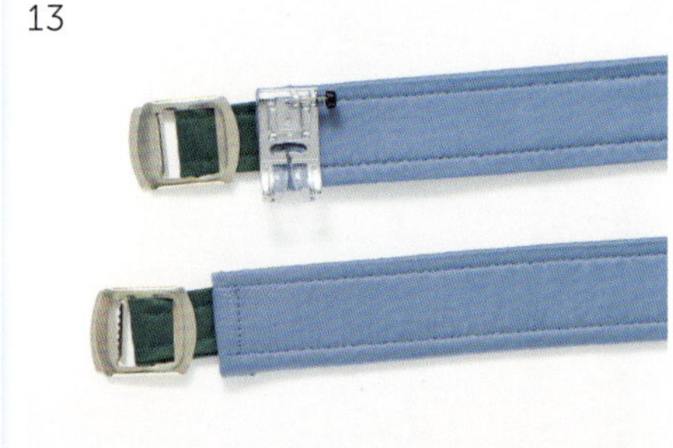

10 Für Träger und Griff vom Gurtband 2 Stücke à 45 cm und 1 Stück à 22 cm abschneiden. Die entsprechenden Stoffstreifen der Länge nach links auf links zur Hälfte bügeln, auffalten und die Schnittkanten zur Bruchfalz bügeln.

11 Jeweils das passende Gurtband in die blauen Trägerstreifen sowie den Griffstreifen einlegen und die Längskanten knapp absteppen. Bei den grünen Trägerstreifen eine Schmalseite 1,5 cm breit einschlagen, dann die Streifen ebenfalls zusammensteppen.

12 Bei den grünen Streifen an der offenen Schmalseite je 8 cm abschneiden. Die Stücke jeweils an den dickeren, nicht beweglichen Steg der Schnallen fädeln und an die blauen Träger nähen. Nahtzugaben mit Zickzack-Stichen versäubern.

13 Nähte von rechts auf den blauen Trägern absteppen.

14 Griff und die blauen Träger in der Rückenmitte mit 5 cm Abstand zueinander, die grünen Träger im 45°-Winkel zur Seitennaht und 5 cm von der Bodenkante entfernt auf die Rückseite legen und anheften.

15 Vorderteil und Rückteil jeweils mit Futter unterlegen und dieses rundum anheften.

16 Das gesamte Boden-/Seitenteil laut Passzahlen an das Vorderteil stecken und zuerst die Seiten sowie den oberen Rand annähen. Dabei am unteren Rand die Naht jeweils genau im Eckpunkt beginnen bzw. beenden (= 1,5 cm vom unteren Rand entfernt).

17 An den Ecken die Nahtzugaben bis knapp vor den Eckpunkt schräg einschneiden, dann die unteren Ränder aufeinander klippen und zusammennähen. Schnittkanten mit Schrägband einfassen.

18 Reißverschluss öffnen. Das Rückteil wie das Vorderteil annähen und die Schnittkanten einfassen.

19 Rucksack wenden.

14

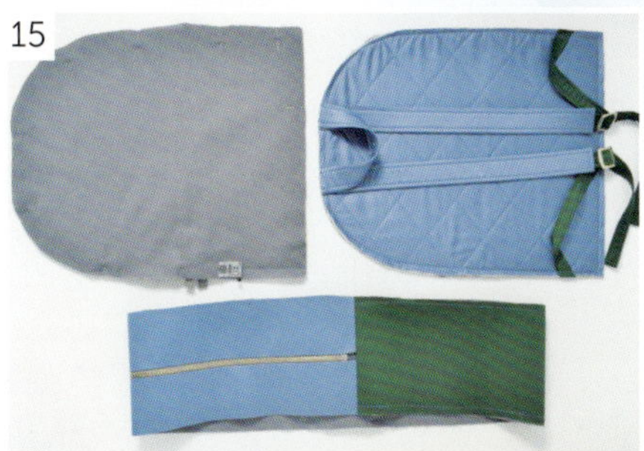
15

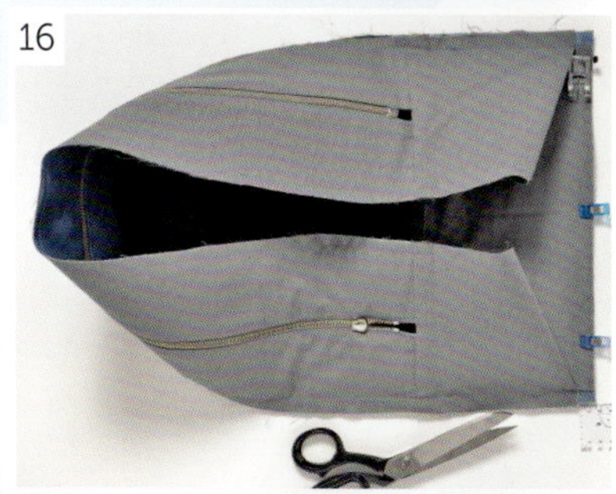
16

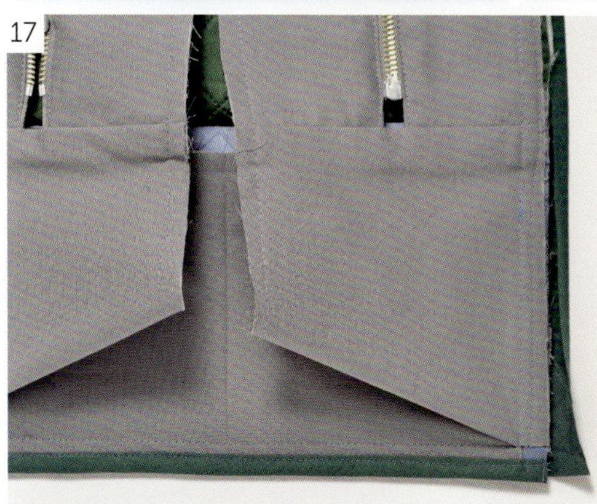
17

18

WATERCOLOUR-EFFEKT

Größe: 27 x 29 x 16 cm • Schnittteile 7a–e auf Bogen B

MATERIAL

- Baumwollstoff: 50 x 140 cm in Grau-Beige-Türkis marmoriert
- Leder: 45 x 90 cm in Beige
- Futter: 50 x 140 cm in Grau
- Molton: 50 x 140 cm in Natur
- Einlage (Decovil): 35 x 60 cm
- Klebevlies (Vliesofix): 40 x 90 cm
- 2 Ösen, 11 mm Ø in Silber
- 100 cm Kordel, 6–8 mm Ø in Grau
- 2 D-Ringe, 2 cm breit in Silber
- 2 Leiterschnallen, 2 cm breit in Silber
- 1 Steckschloss (Taschenverschluss)

ZUSCHNEIDEN

1,5 cm breite Nahtzugaben sind in den Schnittteilen und den Zuschnittmaßen bereits enthalten.

Baumwollstoff:
- Vorderteil 1x
- Rückteil 1x
- Klappe 1x
- Boden 1x

Futter:
- Vorderteil 1x
- Rückteil 1x
- Boden 1x

Einlage:
- Rückteil 1x
- Boden 1x

Klebevlies:
- Vorderteil 1x
- Klappe 1x

Molton:
- Vorderteil 1x
- Klappe 1x

Leder:
- Klappe 1x
- Tasche 2x
- Aufhänger 1 Streifen 6 x 30 cm
- Träger 2 Streifen 6 x 90 cm
- D-Ring-Streifen 2 Streifen 6 x 10 cm

SO GEHT'S

1 Oberstoff-Rückteil und Oberstoff-Boden mit Einlage unterbügeln.

2 Oberstoff-Vorderteil und Oberstoff-Klappe mit Klebevlies unterbügeln, dann auf das entsprechende Moltonteil bügeln.

Zuschneiden

1

2

3 Oberstoff- und Leder-Klappe rechts auf rechts legen, mit Klipsen fixieren und zusammennähen. Der obere Rand bleibt zum Wenden offen. Nahtzugabe an den seitlichen Rändern auf 3 mm zurückschneiden. An der vorderen Mitte die Nahtzugabe stehen lassen, sie dient der Stabilität, da hier später die Schließe befestigt wird.

4 An den Taschen auf der Lederrückseite im Abstand von 8 cm parallel zur oberen Kante eine Linie aufzeichnen. Einen Streifen Lederklebeband an die obere Kante kleben. Schutzstreifen abziehen, die Kante bis zur Bleistiftlinie links auf links umfalten und festkleben.

5 Taschen mit 20 cm Abstand zu den seitlichen Rändern rechts auf rechts auf das Vorderteil legen; den innen liegenden Taschenrand feststeppen, dann die Tasche links auf links wenden.

6 Taschen an die seitlichen Ränder und den unteren Rand des Vorderteils heften.

7 Am Aufhänger-Streifen auf der Lederrückseite mit Bleistift 4 cm parallel zu einer Längskante eine Linie aufzeichnen. Kantenbündig einen Streifen doppelseitiges Klebeband an die Längskante kleben. Schutzstreifen abziehen, die Kante bis zur Bleistiftlinie links auf links umfalten und festkleben.

8 Die zweite Längskante bis zur Schnittkante auf den Streifen umfalten, mit Klipsen fixieren und knappkantig feststeppen.

3

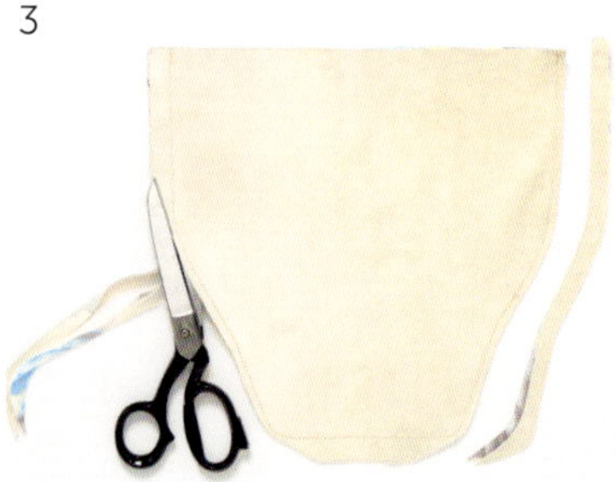

4

5

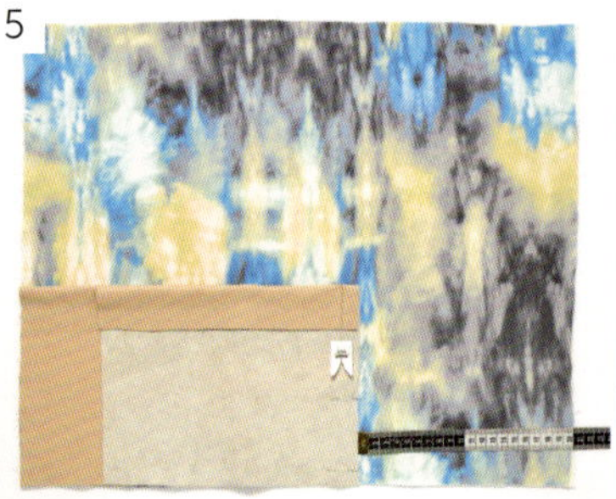

6

7

8

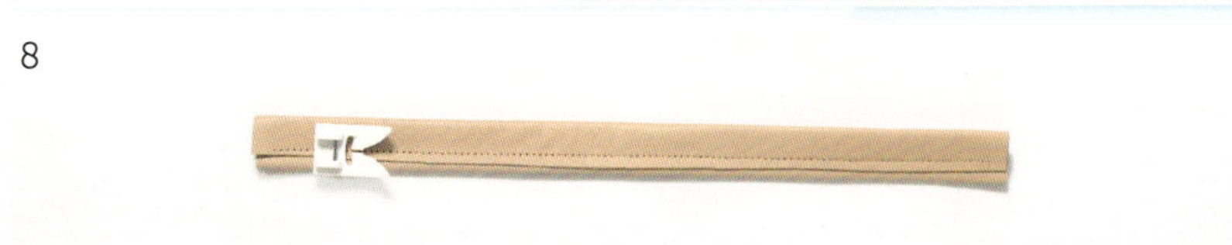

9 In gleicher Weise die Träger-Streifen sowie die D-Ring-Streifen vorbereiten. An den Trägerenden je eine Leiterschnalle einlegen, 4 cm umfalten und feststeppen. D-Ring-Streifen jeweils zur Hälfte falten und einen D-Ring bis zur Bruchkante einlegen.

10 D-Ring-Laschen im Abstand von 5 cm zum unteren Rand im 45°-Winkel rechts auf rechts auf das Oberstoff-Rückteil legen und anheften. Streifenüberstand kantenbündig zurückschneiden.

9

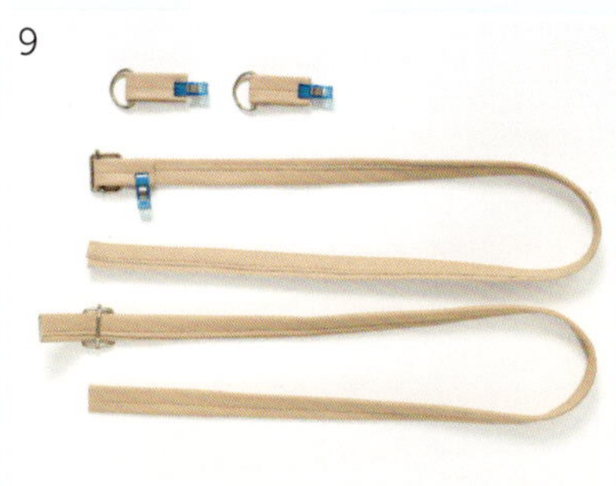

10

11

12

13

14

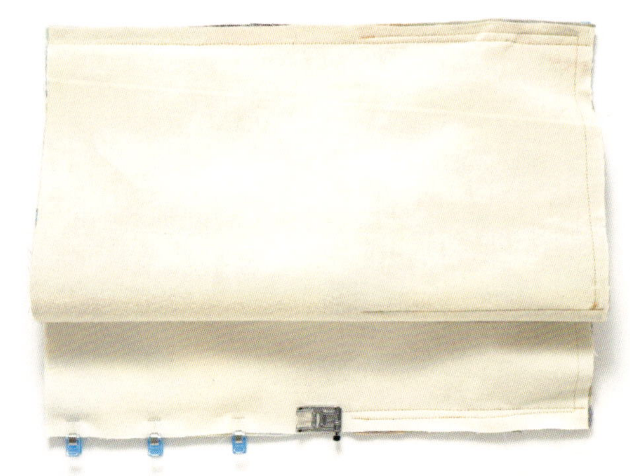

15

16

17

18

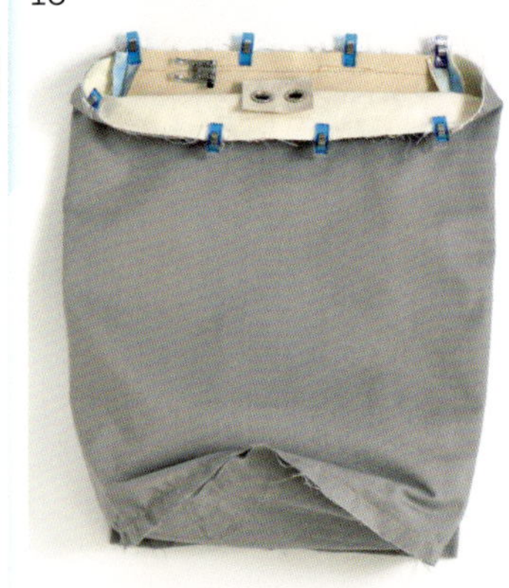

11 Träger durch D-Ring und Leiterschnalle fädeln. Am oberen Rand des Oberstoff-Rückteils die Griffenden mittig mit 6 cm Abstand zueinander festklippen, daran anschließend je ein Trägerende anklippen und alle Teile anheften.

12 Die Klappe rechts auf rechts an den oberen Rand des Rückteils nähen.

13 Klappe und Griff hochlegen. Griff-Bänder jeweils im Abstand von 2,5 cm zur Klappenkante quer absteppen.

14 Das Vorderteil rechts auf rechts auf das Rückteil legen und die Seiten zusammennähen.

15 Boden einnähen. Oberstoffbeutel wenden.

16 Im Oberstoff-Vorderteil je 2 cm von der vorderen Mitte und 4 cm vom oberen Rand entfernt mit einem Trickmarker eine Markierung für die Ösen anzeichnen und diese anbringen (Tipp: Einen Lederrest auf der Rückseite einarbeiten, so haben die Ösen einen besseren Halt.)

17 Futter-Vorderteil rechts auf rechts auf die Futter-Rückseite legen und die Seiten zusammennähen, dabei eine 10 cm große Öffnung zum Wenden lassen. Boden einsetzen.

18 Futter rechts auf rechts über den Oberstoffbeutel stülpen. Die oberen Ränder zusammennähen. Rucksack wenden. Futterbeutel in den Oberstoffbeutel stecken.

19 Für den Kordeltunnel den oberen Beutelrand im Abstand von 4 cm rundum absteppen. Die Kordel mithilfe einer kleinen Sicherheitsnadel einfädeln. Die Kordelenden mit einem Knoten "versäubern".

20 Verschluss-Oberteil mittig an der Klappe befestigen. Verschluss-Unterteil im Abstand von 15 cm zum oberen Rand mittig am Vorderteil befestigen.

19

20

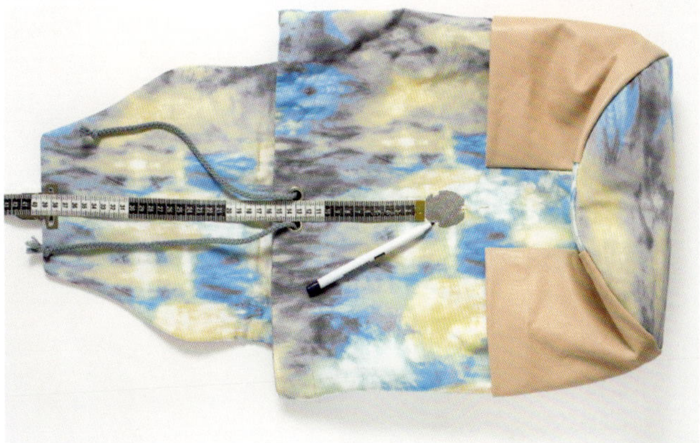

MINIRUCKSACK

Größe: 30 x 25 x 6 cm • Schnittteile 8a–e auf Bogen C

MATERIAL

- Leder: 90 x 90 cm in Grau
- Futter: 50 x 110 cm in Grau-Weiß gemustert
- Ledereinlage (LE 420): 60 x 90 cm
- Knopflochseide in Grau
- je 1 teilbarer Metall-Reißverschluss in Grau, 30 cm und 40 cm lang
- 2 Karabiner, 1 cm breit in Silber
- 2 D-Ringe, 2 cm breit in Silber
- 6 Hohlnieten, 7,5 mm Ø in Silber
- ca. 280 cm vorgefalztes Schrägband, 1 cm fertige Breite in Grau
- 150 cm Kordel, 6 mm Ø in Grau

ZUSCHNEIDEN

1,5 cm breite Nahtzugaben sind in den Schnittteilen und den Zuschnittmaßen bereits enthalten.

Leder:

- Rückteil 1x
- Oberes Vorderteil 1x
- Unteres Vorderteil 1x
- Boden-/Seitenteil 1x
- Reißverschluss-Streifen 2x
- D-Ring-Laschen 2 Streifen 6 x 9 cm
- Aufhänger 1 Streifen 6 x 12 cm
- Träger 2 Streifen 3 x 83
- Band-Stopper 1 Streifen 6 x 9 cm
- Quaste 1 Rechteck 20 x 10 cm

Futter:

- Rückteil 2x
- Unteres Vorderteil 2x
- Reißverschluss-Streifen 2x
- Boden-/Seitenstreifen 1x

Einlage:

- Rückteil 1x
- Oberes Vorderteil 1x
- Unteres Vorderteil 1x
- Boden-/Seitenteil 1x
- Reißverschluss-Streifen 2x

SO GEHT'S

1 Leder-Einlage auf die linken Seiten der entsprechenden Teile bügeln.

2 Für den Taschenbeutel je ein unteres Futter-Vorderteil mit 1,75 cm Nahtzugabe an die Leder-Vorderteile nähen.

Zuschneiden

1

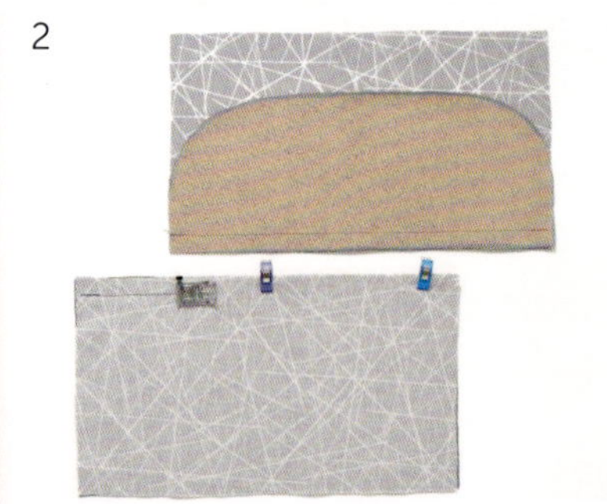
2

3 Am oberen Vorderteil das Futter nach unten legen, am unteren Vorderteil das Futter links auf links wenden. Reißverschluss-Hälften laut Foto zentriert auflegen und mit Knopflochgarn jeweils knapp neben den Zähnchen, sowie knappkantig am Reißverschlussträgerband feststeppen.

4 Am linken Rand des oberen Vorderteils das restliche Stück der Naht fortlaufend zum Reißverschluss-Stepp absteppen. Reißverschluss schließen. Taschenbeutel an das Vorderteil heften.

5 Für die Reißverschluss-Blende je einen Leder- und einen Futterstreifen rechts auf rechts legen und eine Längskante mit 1,75 cm Nahtzugabe steppen. Teile links auf links wenden.

6 Den 40 cm langen Reißverschluss, wie bei den Vorderteilen beschrieben, an die Kanten nähen.

7 An den Streifen für die D-Ring-Laschen sowie dem Aufhänger-Streifen jeweils die Längskanten mit Klebeband bekleben und so umfalten, dass die fertige Breite der D-Ring-Laschen 2,5 cm und die des Aufhängers 4 cm beträgt.

8 Den Aufhängerstreifen an den Schmalkanten mit 1 cm Nahtzugabe zum Ring schließen und wenden. Ring flach drücken. Den Aufhänger laut Schnittmarkierung mit 2 Hohlnieten am Rückteil befestigen.

9 Die passenden Futterteile links auf links an das Vorderteil, das Rückteil und das Boden-/Seitenteil heften.

10 Das Boden-/Seitenteil und das Reißverschluss-Teil an den Schmalkanten zusammennähen. Schnittkanten mit Schrägband einfassen.

11 Die D-Ring-Streifen jeweils zur Hälfte falten und einen D-Ring bis zur Bruchkante einschieben. Schmalkanten 1,5 cm breit umschlagen. Dann die Laschen an beiden Seiten des Boden-/Seitenteils mit einer Hohlniete im Abstand von 1,5 cm zur Naht befestigen.

12 Das Seitenteil laut Passzahlen an das Vorderteil stecken und zuerst die Seiten sowie den oberen Rand von 1–5 annähen. Dabei am unteren Rand die Naht jeweils genau im Eckpunkt beginnen bzw. beenden (= 1,5 cm vom unteren Rand entfernt).

13 An den Ecken die Nahtzugaben bis knapp vor den Eckpunkt schräg einschneiden, dann die unteren Ränder aufeinander klippen und zusammennähen. Schnittkanten mit Schrägband einfassen.

3

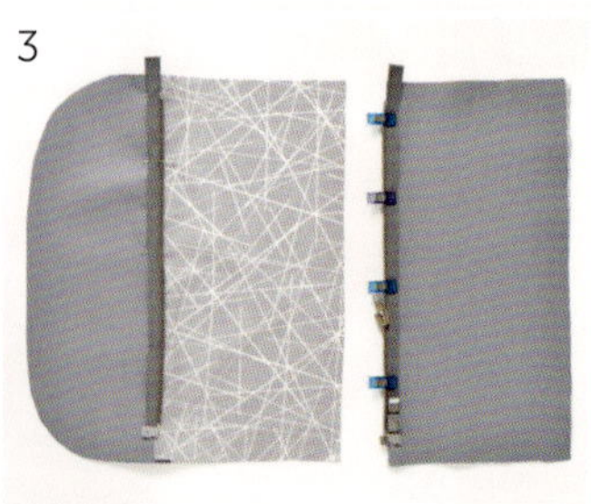

4

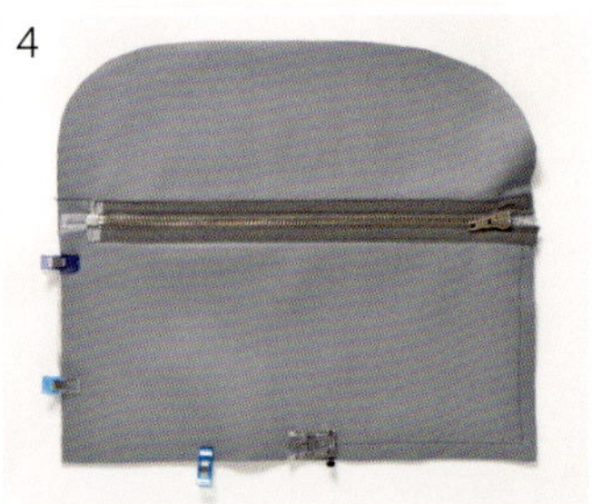

5

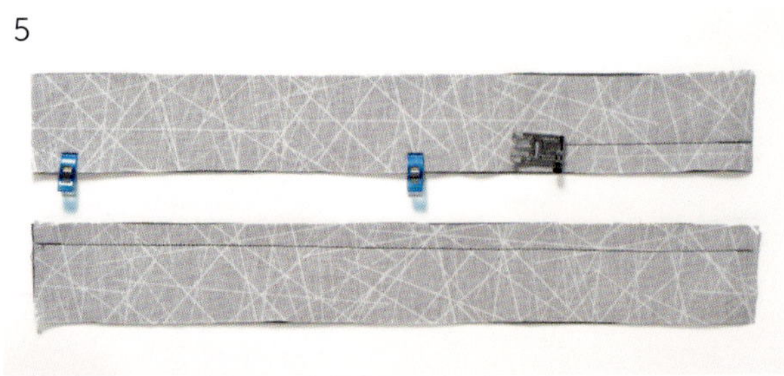

6

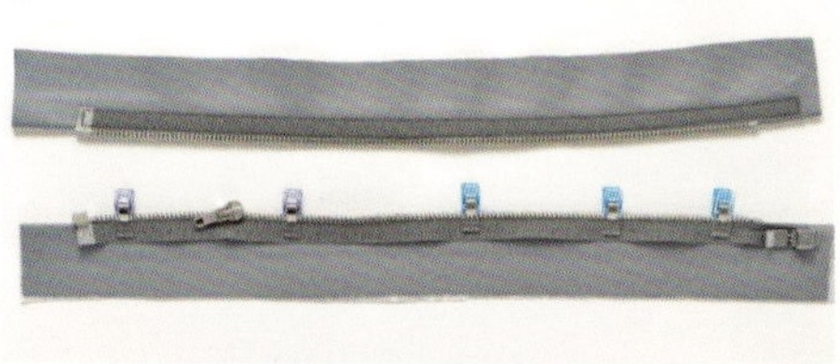

7

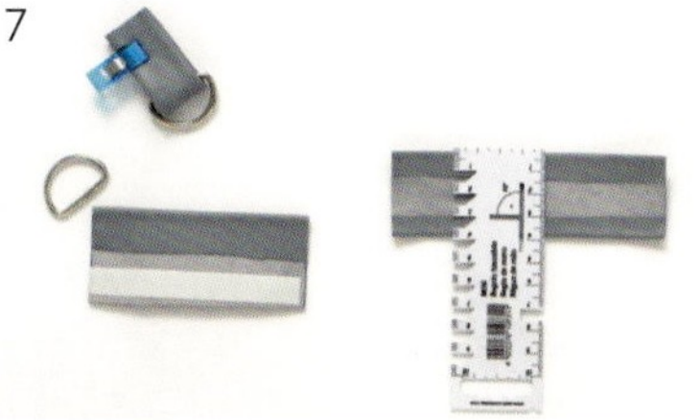

8

9

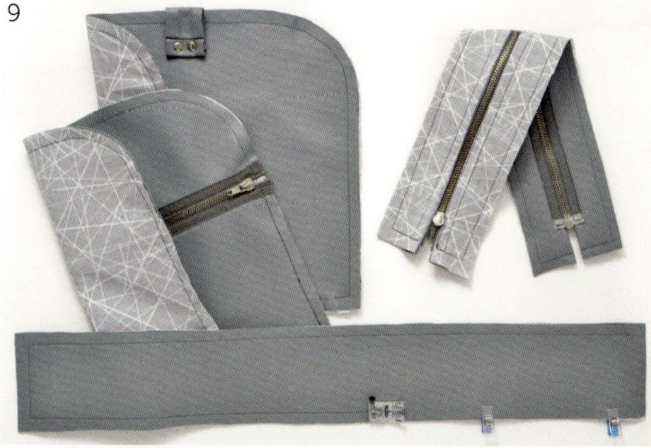

10

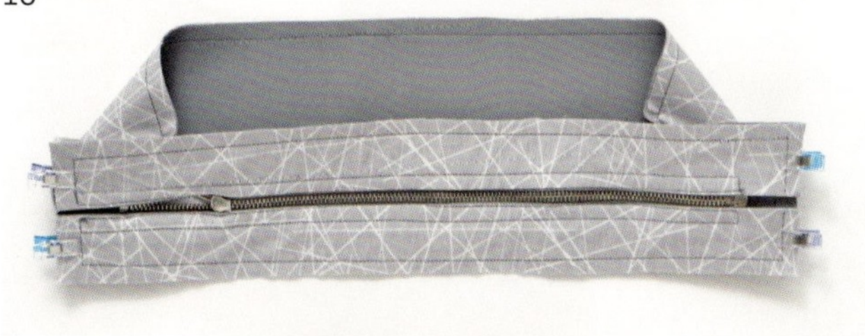

11

12

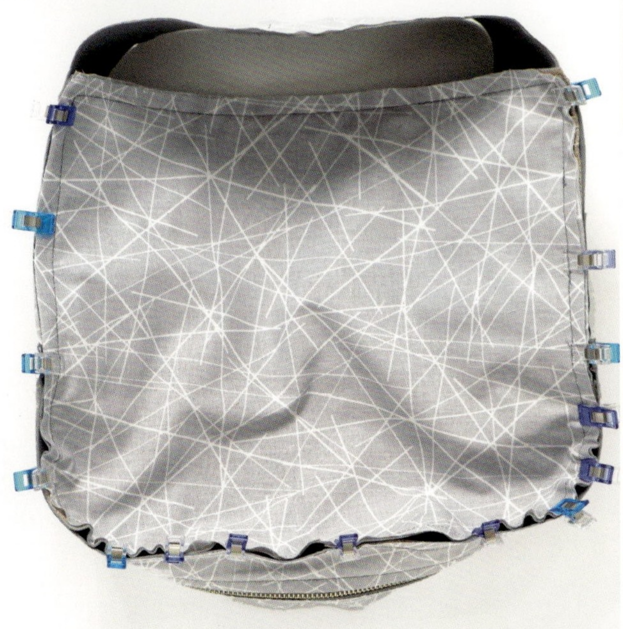

13

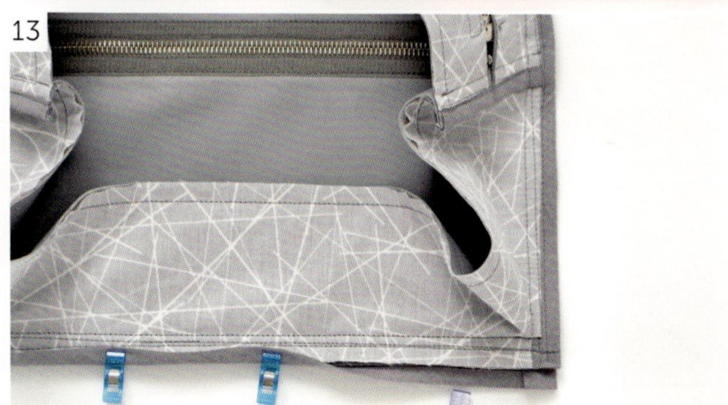

14

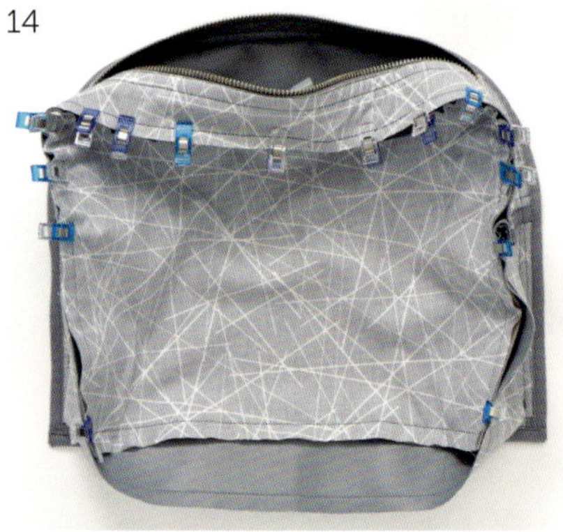

15

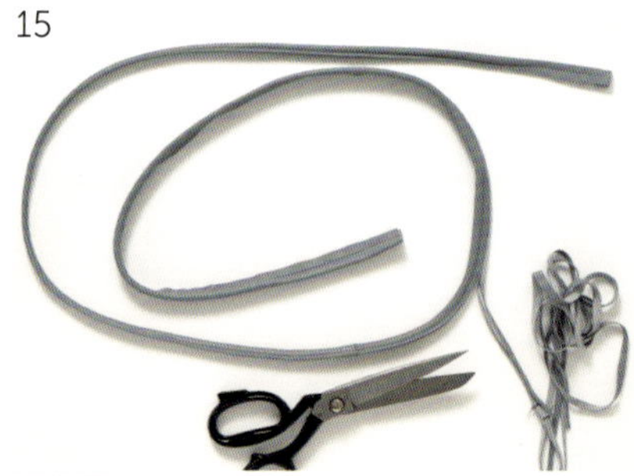

16

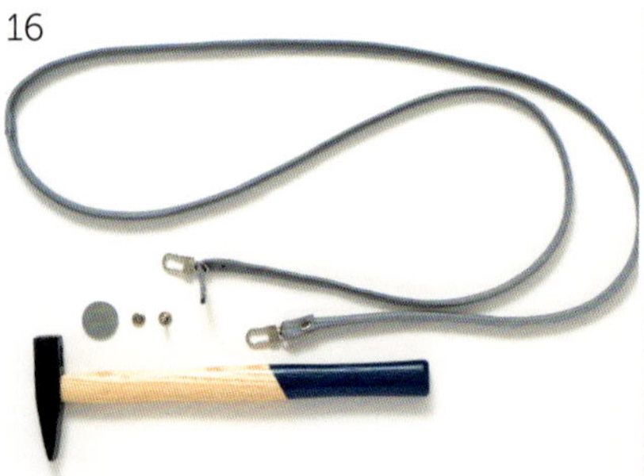

17

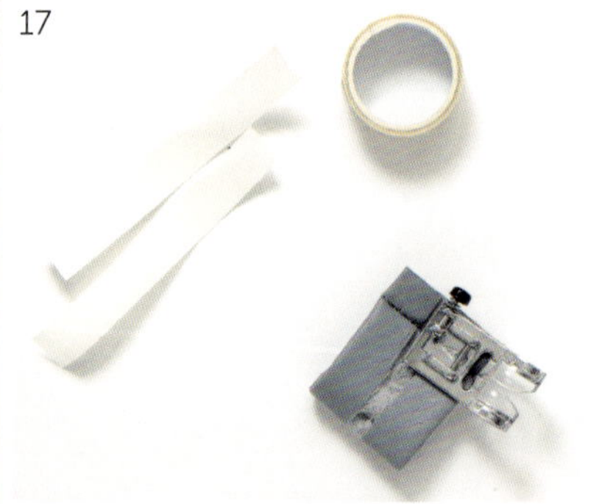

18

19

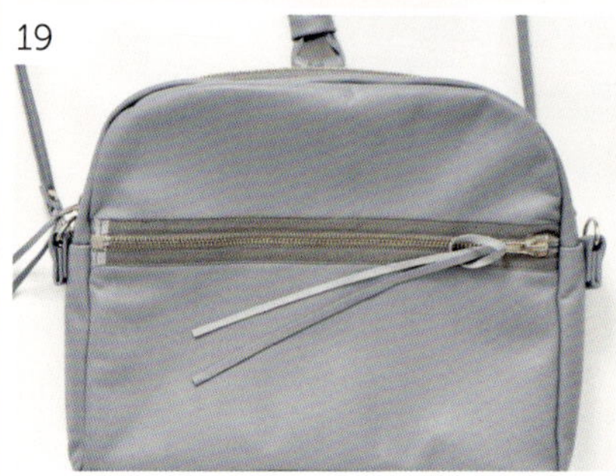

20

21

14 Reißverschluss öffnen. Das Rückteil wie das Vorderteil annähen und die Schnittkanten einfassen. Rucksack wenden.

15 Die Träger-Streifen aneinander nähen. Träger-Streifen längs, links auf links zur Hälfte falten, die Kordel bis zur Buchkante zwischen die Lagen schieben und so knapp wie möglich neben der Kordel absteppen, dabei am Streifenanfang und -ende je 6 cm frei lassen. Nahtzugaben auf 3 mm zurückschneiden. Tipp: Die Nahtzugabenabschnitte für die Reißverschlusszipper aufheben.

16 An den Trägerenden je einen Karabiner einlegen und mit einer Hohlniete befestigen.

17 Für den Band-Stopper die Nahtzugaben der Längskanten des Streifens mit Klebestreifen nach links umkleben. Dann den Streifen quer, rechts auf rechts zur Hälfte falten und die Schmalkanten zusammennähen.

18 Stopper wenden, ggf. die Nahtzugabe mit Klebeband nieder kleben. Träger laut Foto in Rucksack und Stopper einschlaufen.

19 Aus den Nahtzugabenabschnitten einen 28 cm langen Streifen für den 40 cm langen Reißverschluss und einen 44 cm langen Streifen für den 30 cm langen Reißverschluss schneiden und in die jeweiligen Reißverschlusszipper knoten.

20 Für die Quaste das Rechteck mit einer Längsseite 2 cm breit überstehend an die Kante der Schneidematte legen, die Längsseite 2 cm auf die Rückseite der Schneidematte falten und mit transparentem Klebestreifen festkleben. Die zweite Längsseite des Rechtecks auf der Schneidematte festkleben. Parallel zur Schmalseite 5 mm breite Streifen schneiden. Fransenteil von der Schneidematte abziehen.

21 Die oberen 2 cm der Fransenborte auf der Rückseite mit Klebeband bekleben, Schutzstreifen abziehen und die Borte um die Enden des 44 cm langen Zipper-Streifens wickeln.

PAPERBAG AUS LEDER

Größe: 23 x 36,5 x 11 cm • Schnittteile 9a und b auf Bogen B

MATERIAL

- Leder: ca. 65 x 95 cm in Nude
- Futter: 45 x 95 cm in Grau
- Klebevlies (Vliesofix): 70 x 90 cm
- 2 D-Ringe, 2 cm breit in Silber
- 2 Karabinerhaken, 2 cm breit in Silber
- 4 Hohlnieten, 7,5 mm Ø in Silber
- 1 Magnetverschluss zum Einnähen
- ca. 150 cm vorgefalztes Schrägband, 1 cm fertige Breite in Nude

ZUSCHNEIDEN

1 cm breite Nahtzugaben sind in den Schnittteilen und den Zuschnittmaßen bereits enthalten.

Leder:

- Vorder- & Rückteil 2x
- Randbeleg 2x
- Griffe 2 Streifen 5 x 34 cm
- D-Ring-Laschen 2 Streifen 5 x 7 cm
- Träger 2 Streifen 5 x 80 cm

Futter:

- Vorder- & Rückteil 2x

Klebevlies:

- Vorder- & Rückteil 2x
- Randbeleg 2x
- Griffe 2 Streifen 5 x 34 cm
- D-Ring-Laschen 2 Streifen 5 x 7 cm
- Träger 2 Streifen 5 x 80 cm

SO GEHT'S

1 Mit Hilfe des Klebevlieses die Leder- und Futter-Zuschnitte der Vorder- & Rückseite zusammenbügeln.

2 Magnetverschluss-Hälften, je 1 cm vom unteren Rand entfernt zentriert an die Randbelege nähen.

Zuschneiden

1

2

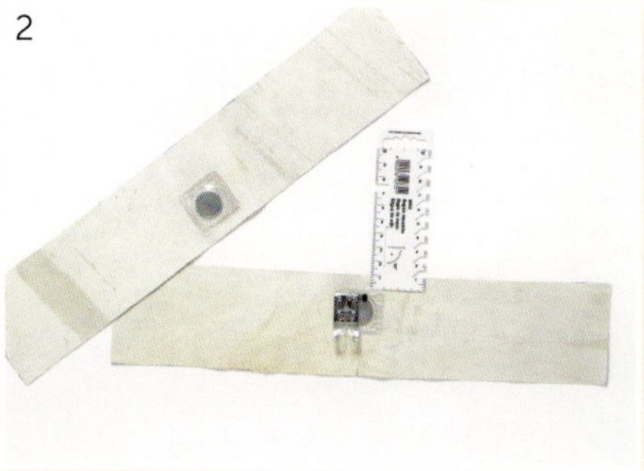

3 Dann die Klebevliesstreifen auf die linke Lederseite bügeln. Schutzpapier abziehen.

4 Griffe mit Klebevlies unterbügeln. (!) Bügeltuch verwenden. Schutzpapier abziehen. Längsseiten nacheinander je 1,5 cm breit nach links umlegen und festbügeln. Dann den Griff jeweils bei 10 cm ab der Schnittkante rechtwinklig knicken.

5 Griffe an die Taschenteile klippen, dabei die Schmalseiten je 3 cm weit überstehen lassen. Griffe anheften (= im Abstand von 1 cm zur Schnittkante mit großen Geradstichen festnähen).

6 Randbelege jeweils an den oberen Rand der Vorder- und Rückseite nähen.

7 Randbelege hochfalten, die Nahtzugaben im Randbeleg knappkantig absteppen, dabei die Griffenden mitfassen. Griffenden knappkantig feststeppen.

8 Randbelege nach links umbügeln. (!) Bügeltuch verwenden.

9 Trägerstreifen an einer Schmalseite zusammennähen, so ergibt sich ein langer Träger. Träger- und D-Ring-Laschen mit Klebevlies bebügeln und jeweils auf 2 cm fertige Breite umbügeln. (!) Bügeltuch verwenden.

10 Die Streifen für die D-Ring-Laschen jeweils zur Hälfte falten und einen D-Ring bis zur Bruchkante einschieben. Im Abstand von 1 cm zu den Schmalkanten die Streifenenden für die Hohlniete lochen. Rückteil laut Schnittmarkierung ebenfalls lochen. D-Ring-Laschen festnieten.

11 Für die Trägerschlitze mit Bleistift je eine 2,3 cm lange Linie im Abstand von 2 cm zum oberen Taschenrand und 1 cm zu den Griffenden aufzeichnen. Schlitze durch Beleg und Taschenteil hindurch einschneiden.

12 Vorder- und Rückseite rechts auf rechts legen; Seiten zusammennähen. Schnittkanten mit Schrägband einfassen, dabei 1 cm unterhalb des oberen Randes beginnen.

13 Bodennaht zwischen den Eckpunkten schließen. Schnittkanten einfassen.

14 Bodenecken jeweils auseinander ziehen und schließen. Schnittkanten einfassen. Rucksack wenden.

3

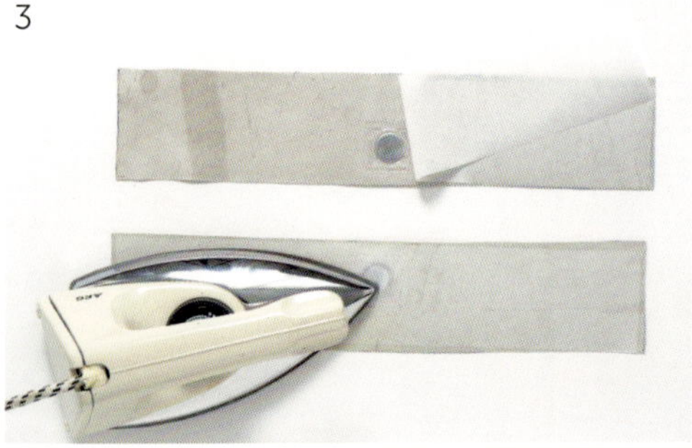

4

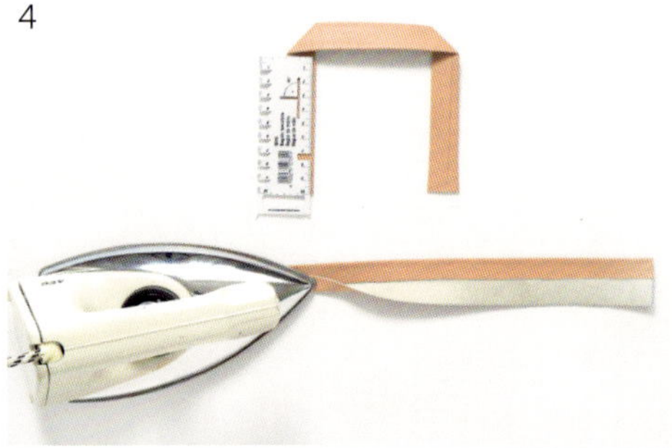

5

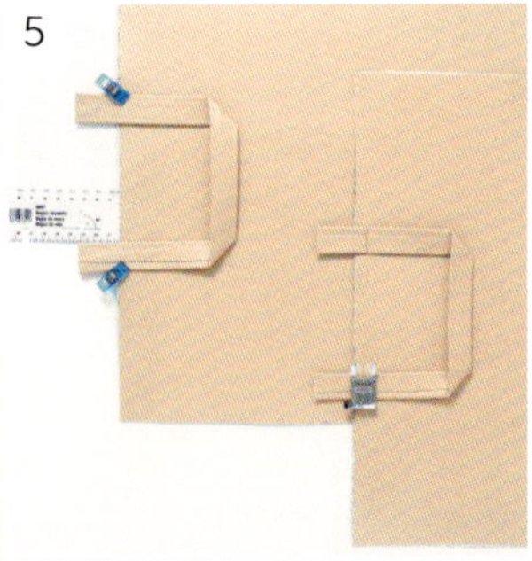

15 Träger durch die Schlitze fädeln, an den Enden je einen Karabiner mit einer Hohlniete fixieren. Karabiner in den D-Ring einhängen.

6

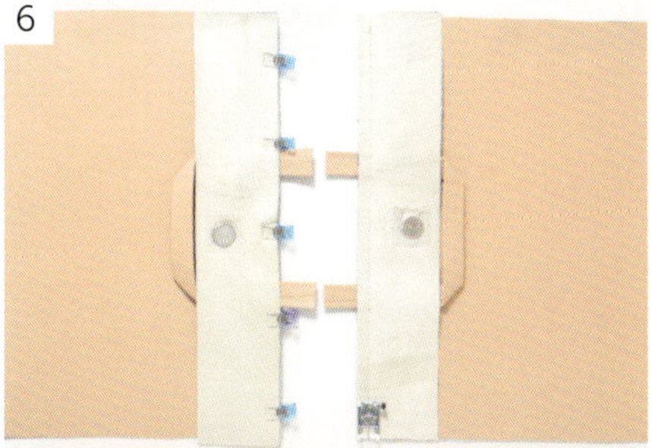

7

8

9

10

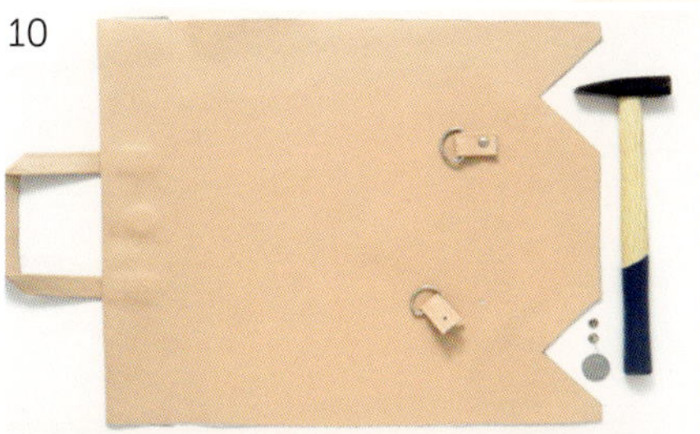

11

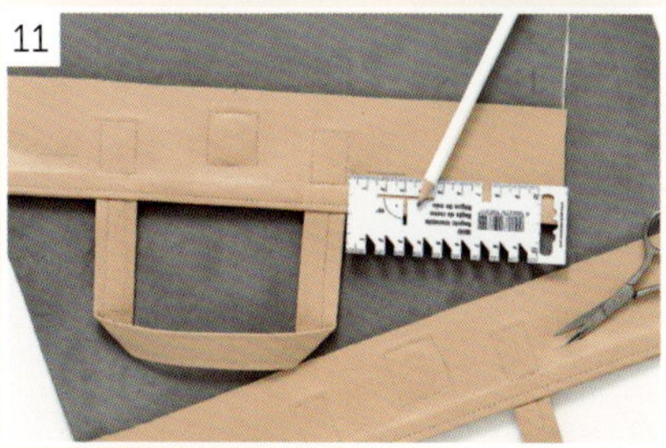

12

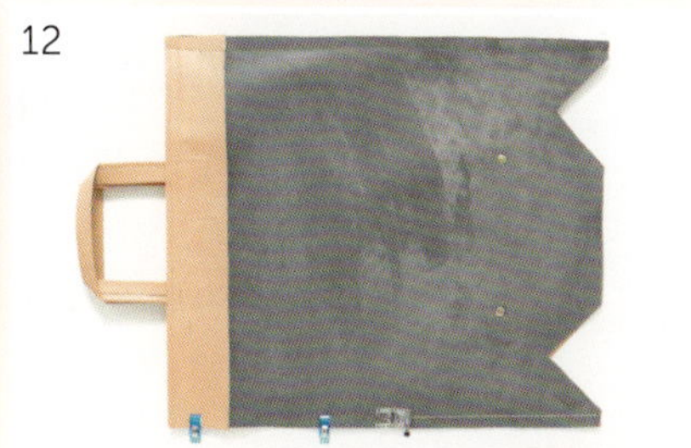

13

14

15

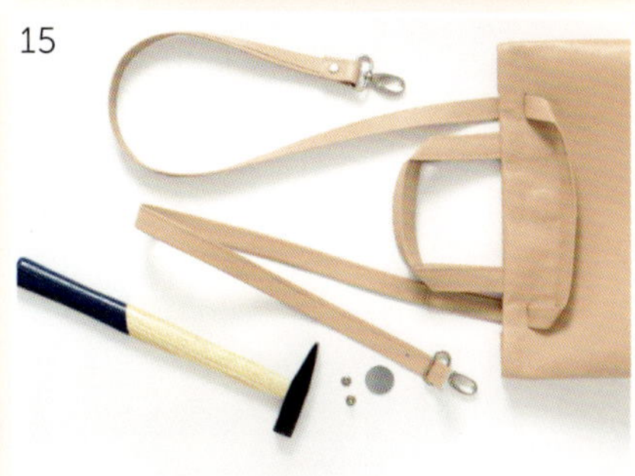

KORKBEUTEL

Größe: 42 cm hoch, 66 cm Umfang • Schnittteil 10 auf Bogen C

MATERIAL

- Korkstoff: 2 Rollen à 68 x 50 in Blau-Silber
- Futter: 45 x 100 cm in Grau
- Einlage (Decovil): 25 x 25 cm
- Knopflochseide zum Absteppen
- 12 Ösen, 11 mm Ø in Silber
- 2 Druckknöpfe, 15 mm Ø in Silber
- 4 Bodennägel in Silber
- 200 cm Kordel, 6 mm Ø in Grau

ZUSCHNEIDEN

1 cm breite Nahtzugaben sind im Schnittteil und den Zuschnittmaßen bereits enthalten.

Korkstoff:

- Taschenkörper 1 Rechteck 68 x 50 cm
- Boden 1x
- Druckknopf-Lasche 1 Streifen 6 x 10 cm
- Träger/Verschlussband 1 Streifen 3 x 68 cm
- Band-Stopper 1 Streifen 5,5 x 10 cm

Futter:

- Taschenkörper 1 Rechteck 68 x 40 cm
- Boden 1x

Einlage:

- Boden 1x

SO GEHT'S

1 Kork-Bodenteil mit Einlage bebügeln.

2 Die Positionen der Bodennägel vom Schnitt übertragen und lochen.

3 An der Druckknopf-Lasche je ein Stück Klebestreifen von links auf die Längskanten kleben. Schutzschicht abziehen und die Längskanten nacheinander je 2 cm breit umfalten und festkleben.

3

Zuschneiden

1

2

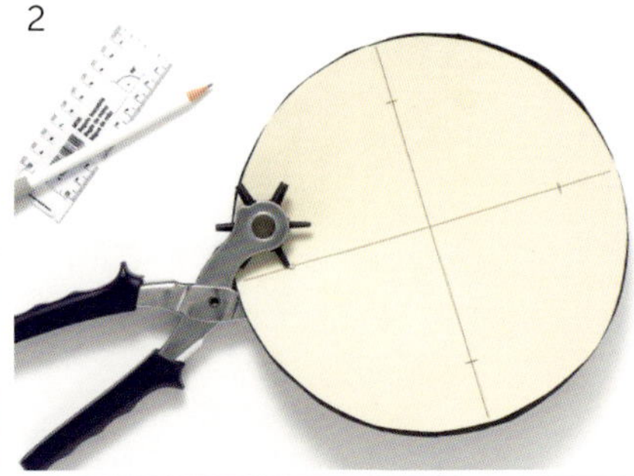

4 Mit Knopflochgarn die Längskanten absteppen. Im Abstand von 1 cm zu den Schmalkanten je ein Druckknopf-Oberteil anbringen.

5 Am Kork-Taschenkörper von einer Längsseite (= unterer Rand) aus in der Mitte senkrecht je einen Punkt bei 11 cm und 8 cm markieren und lochen.

6 Auf der rechten Korkseite die Druckknopf-Unterteile anbringen. Evtl. die Rückseite an diesen Stellen mit einem Korkrest verstärken.

7 Kork-Taschenkörper an den Schmalkanten rechts auf rechts legen und zusammennähen.

8 Die Nahtzugaben auseinander bügeln und von rechts mit Knopflochgarn absteppen.

9 Beutel wieder wenden. Den Boden rechts auf rechts an den unteren Rand klippen und einnähen.

10 Die Bodennägel anbringen.

11 Futter-Rechteck an den Schmalkanten zusammennähen, dabei in der Mitte der Naht eine Wendeöffnung lassen. Boden einsetzen. Futter rechts auf rechts über den Korkbeutel stülpen. Die oberen Ränder zusammennähen.

12 Beutel wenden. Wendeöffnung schließen. Futter in den Korkbeutel stecken.

13 Den oberen Rand des Korkbeutels 5 cm breit nach links umschlagen und im Abstand von 4,5 cm zum oberen Rand rundum absteppen.

14 Am oberen Rand die vordere Mitte markieren. Für die Ösen von dort aus zu beiden Seiten hin je 2,75 cm abmessen und im Abstand von 2,2 cm zum oberen Rand markieren. Ab dort bis zur rückwärtigen Mitte hin, je 5,5 cm abmessen, markieren und je eine Öse anbringen.

15 Für das Träger/Verschlussband die Streifen an den Schmalseiten aneinander nähen. Streifen längs, links auf links zur Hälfte falten, die Kordel bis zur Buchkante zwischen die Lagen schieben und so knapp wie möglich neben der Kordel absteppen, dabei am Streifenanfang und -ende je 4 cm frei lassen. Nahtzugaben auf 2 mm zurückschneiden. Band durch die Ösen fädeln.

16 Für den Band-Stopper die Nahtzugaben der Längskanten des Rechtecks mit Hilfe von Klebestreifen nach links umkleben. Dann den Streifen längs, rechts auf rechts zur Hälfte falten und die Schmalkanten zusammennähen.

17 Stopper wenden. Beide Enden des Träger/Verschlussbandes in den Stopper einfädeln und den Stopper mittig absteppen.

18 Träger/Verschlussbandenden zum Ring schließen und unter die Druckknopf-Lasche legen.

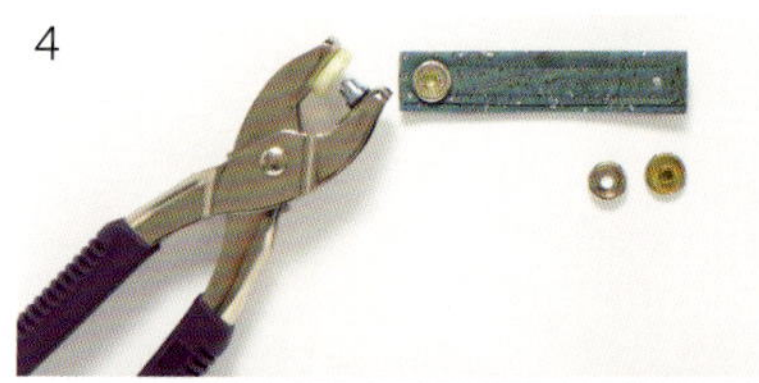
4

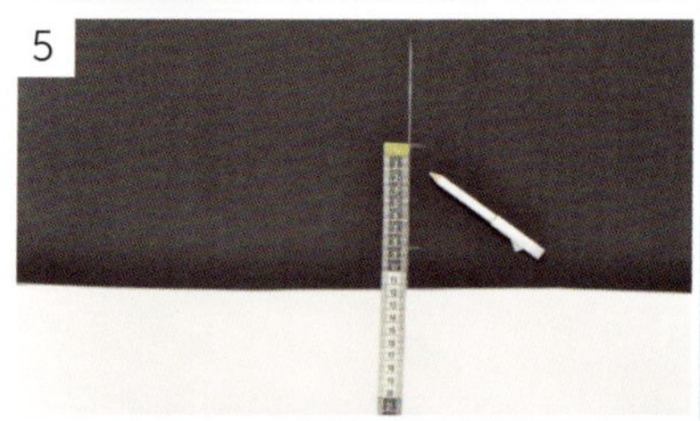
5

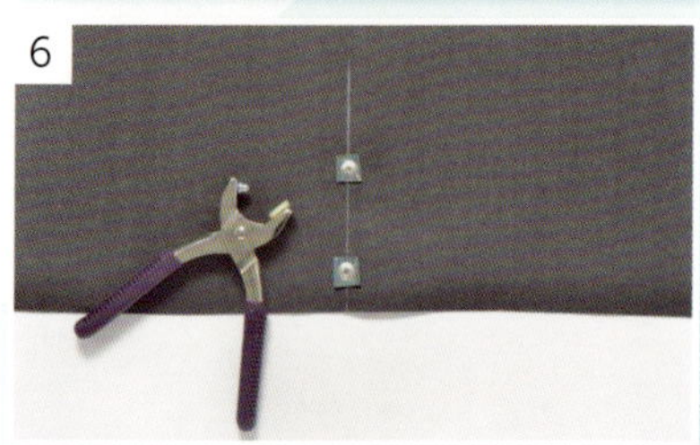
6

7

8

9

10

11
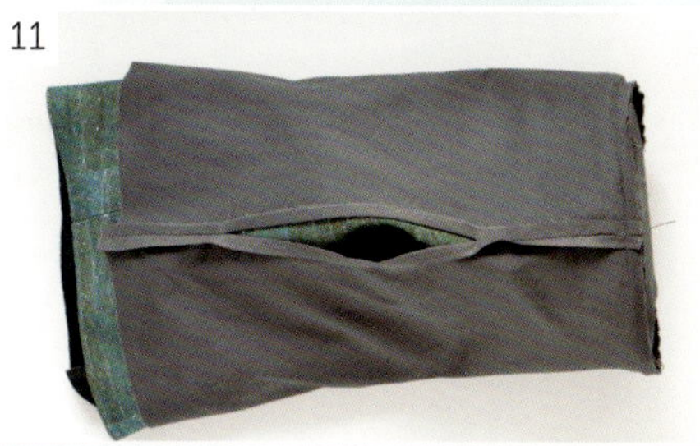

12

13

14

15

16

17
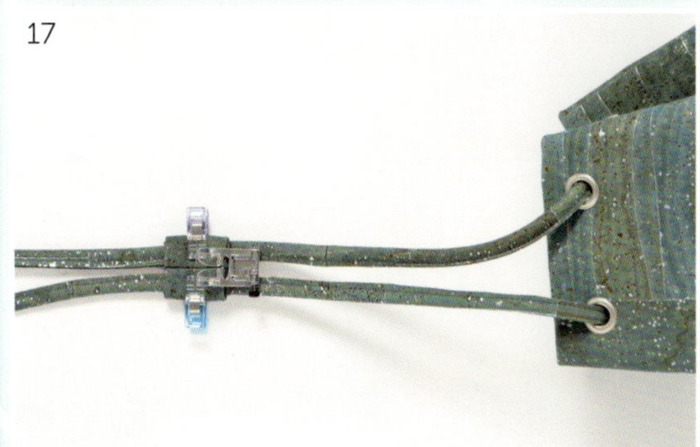

STREIFENLOOK

Größe: 26 x 53,5 x 12 cm • Schnittteil 11 auf Bogen C

MATERIAL

- Baumwollstoff: 55 x 150 cm in Grau-Natur gestreift
- Leder: 12 x 85 cm in Grau
- Futter: 55 x 150 cm in Grau
- Klebevlies (Vliesofix): 55 x 150 cm
- ca. 280 cm vorgefalztes Schrägband, 1 cm fertige Breite in Grau
- 250 cm Gurtband, 2,5 cm breit in Grau

ZUSCHNEIDEN

1,5 cm breite Nahtzugaben sind im Schnittteil bereits enthalten

Baumwollstoff:

- Vorder- & Rückteil 2x

Futter:

- Vorder- & Rückteil 2x

Klebevlies:

- Vorder- & Rückteil 2x

Leder:

- Träger 2 Streifen 2 x 80 cm
- Verschluss – vorne 1 Streifen 2 x 58 cm
- Verschluss – hinten 1 Streifen 2 x 32 cm

SO GEHT'S

1 Mit Hilfe des Klebevlieses die Oberststoff- und Futter-Zuschnitte zusammenbügeln.

2 Teile rechts auf rechts legen und die mittlere Naht schließen. Dabei darauf achten, dass die Streifen des Stoffmusters an der Naht exakt aufeinander treffen. Schnittkanten mit Schrägband einfassen.

Zuschneiden

1

2

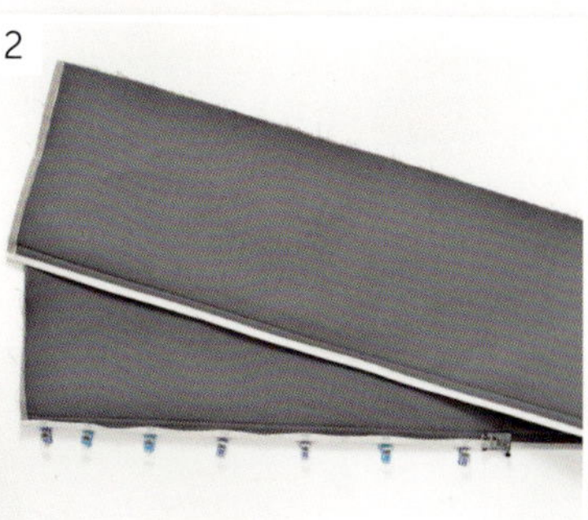

3

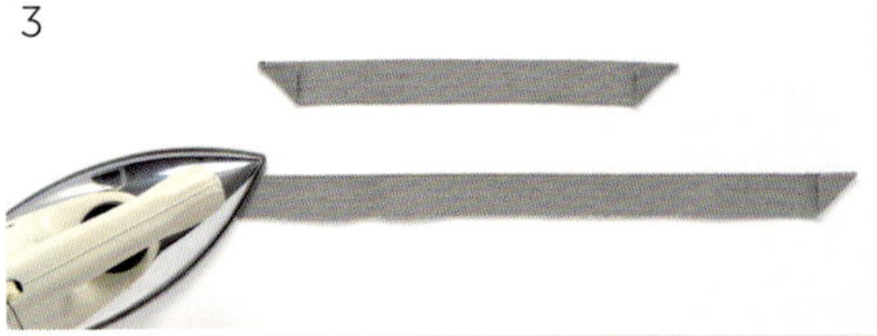

4

5

3 Für Träger und Verschluss vom Gurtband zwei Stücke à 80 cm, ein Stück à 32 cm und ein Stück à 58 cm abschneiden. Die Schnittkanten mit Zick-Zackstich versäubern. Die Schmalkanten des 32 cm langen und des 58 cm langen Gurtbandes im rechten Winkel umbügeln.

4 Lederstreifen mittig auf die Gurtbänder legen; Längskanten knappkantig feststeppen. Schmalkanten passend zum Gurtband abschrägen, (!) noch nicht absteppen.

5 Am Taschenteil die oberen Ränder zweimal 6 cm breit nach links umbügeln.

6 Den vorderen Verschlussstreifen als Schlaufe im Abstand von 22 cm zum oberen Rand in der vorderen Mitte auflegen. Spitze knappkantig und die Längsseiten im Gurtband je 5 cm weit feststeppen. Genauso die hintere Schlaufe im Abstand von 17 cm zum oberen Rand in der rückwärtigen Mitte aufnähen.

7 Die Träger mit einer Schmalseite im Abstand von 13 cm zum oberen Rand und je 7,5 cm von der rückwärtigen Mitte entfernt an das Rückteil stecken und im Rechteck doppelt aufnähen. Die 2. Träger-Schmalseite im Abstand von je 7,5 cm zur Bodenecke an die Seiten klippen und im 45°-Winkel abschrägen. Träger anheften.

8 Die Umschläge der oberen Ränder nochmals auffalten. Taschenteil rechts auf rechts zur Hälfte legen. Seitennähte schließen. Schnittkanten bis zur Markierung mit Schrägband einfassen. Nahtzugabe an der Markierung quer einschneiden und am unversäuberten Stück die Nahtzugaben auseinander bügeln.

9 Bodenecken schließen. Schnittkanten einfassen.

10 Umschläge am oberen Rand wieder einlegen und knappkantig feststeppen.

11 Rucksack wenden.

6

7

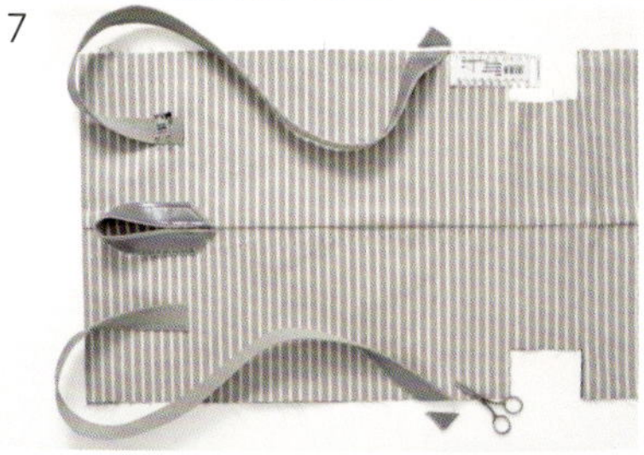

8

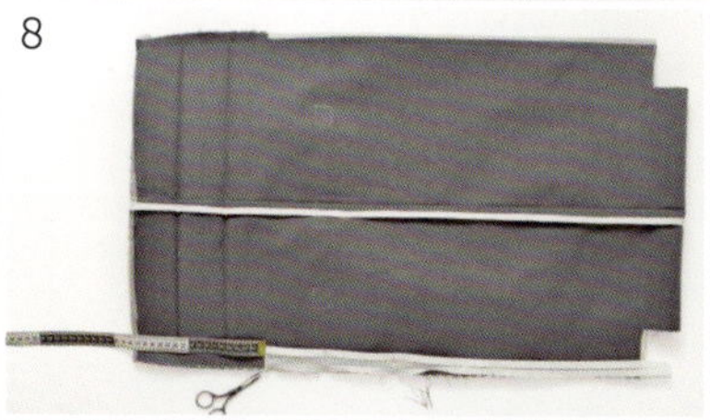

9

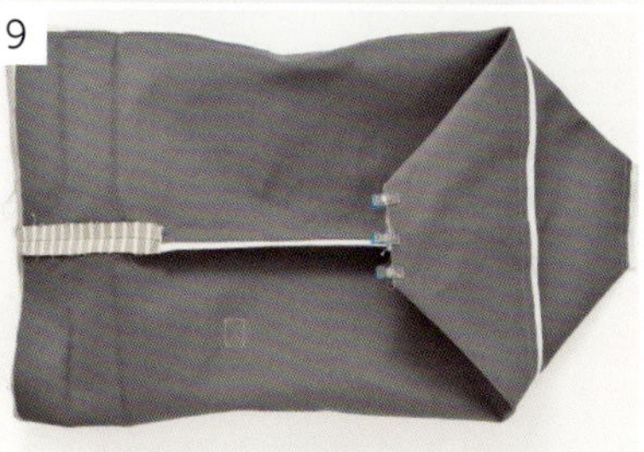

10

KASTENRUCKSACK

Größe: 27 x 37 x 12 cm • Schnittteile 12a–e auf Bogen D

MATERIAL

- Leder: ca. 90 x 60 cm in Mint
- Leder: ca. 90 x 60 cm in Grau
- Futter: 60 x 140 cm in Grau
- Einlage (Decovil): 35 x 90 cm
- Klebevlies (Vliesofix): 90 x 90 cm
- 1 teilbarer Metall-Reißverschluss, 50 cm lang in Grau
- 2 Leiterschnallen, 2 cm breit in Silber
- 200 cm Gurtband, 2,5 cm breit in Grau
- ca. 200 cm vorgefalztes Schrägband, 1 cm fertige Breite in Grau

ZUSCHNEIDEN

1,5 cm breite Nahtzugaben sind in den Schnittteilen und den Zuschnittmaßen bereits enthalten.

Leder in Grau:

- Vorder- & Rückteil 2x
- Reißverschluss-Streifen 2x

Leder in Mint:

- Deckel 1x
- Boden-/Seitenstreifen 1x
- Deckel-Seite 1x und 1x gegengleich
- Träger 2 Streifen 8 x 40 cm

Futter:

- Vorder- & Rückteil 2x
- Deckel 1x
- Boden-/Seitenstreifen 1x
- Reißverschluss-Streifen 2x
- Deckel-Seite 1x und 1x gegengleich

Einlage:

- Vorder- & Rückteil 1x
- Boden-/Seitenstreifen 1x (nur Bodenteil)
- Deckel-Seite 1x und 1x gegengleich

Klebevlies:

- Vorder- & Rückteil 2x
- Deckel 1x
- Boden-/Seitenstreifen 1x
- Reißverschluss-Streifen 2x
- Deckel-Seite 1x und 1x gegengleich

SO GEHT'S

1 Mit Hilfe des Klebevlieses jeweils die Oberstoff und Futter-Zuschnitte der Reißverschluss-Streifen und des Deckels zusammenbügeln.

Zuschneiden

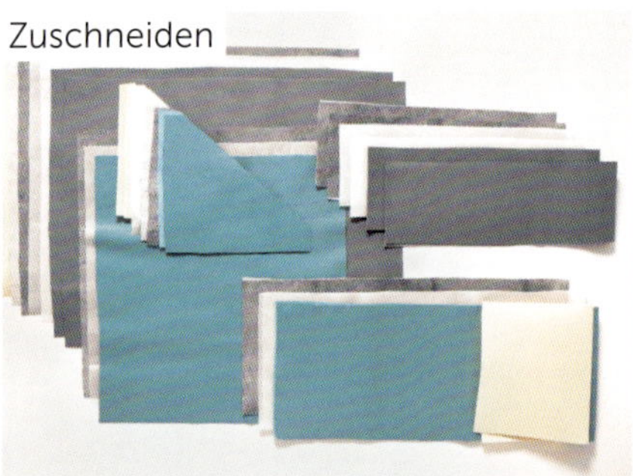

1

2

3

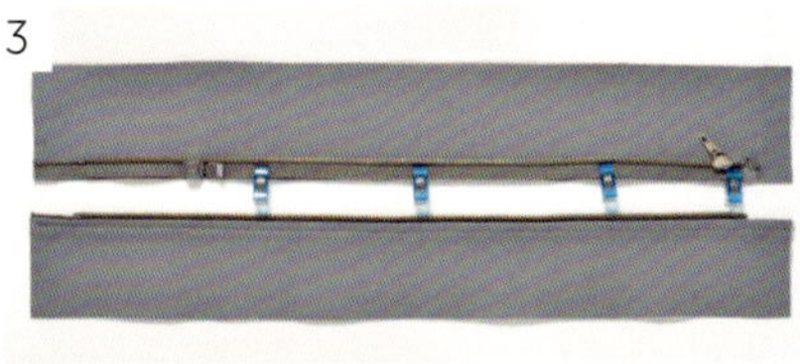

4

5

6

7

8

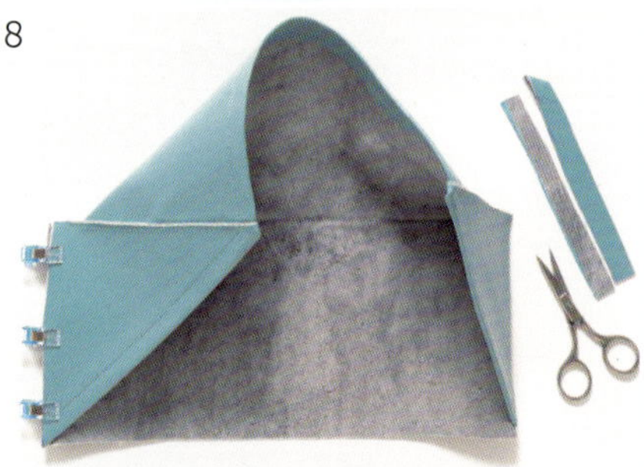

9

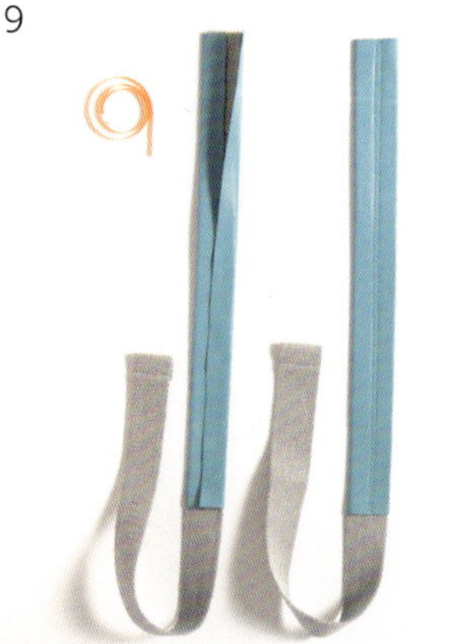

10

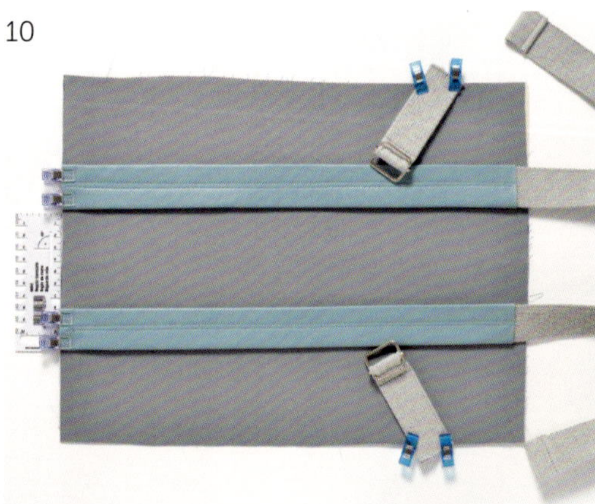

11

12

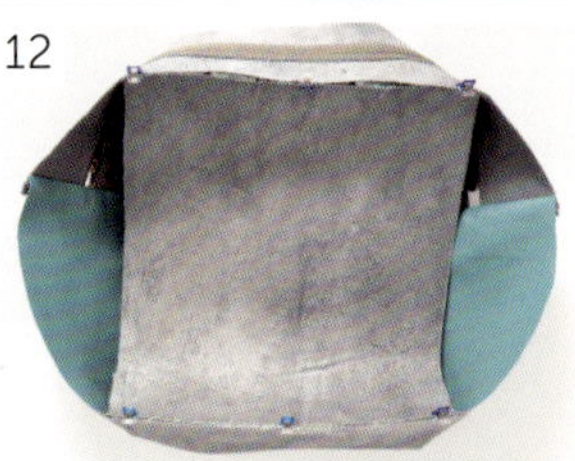

13

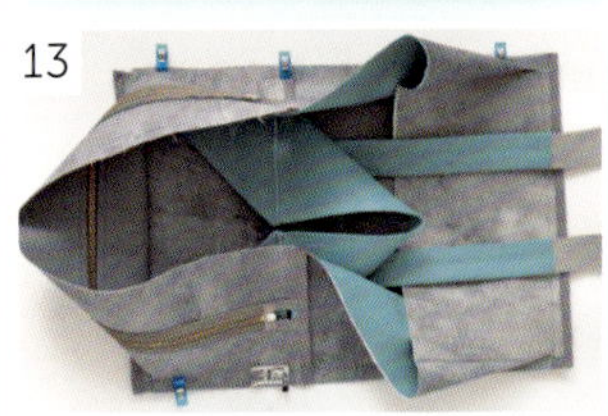

14

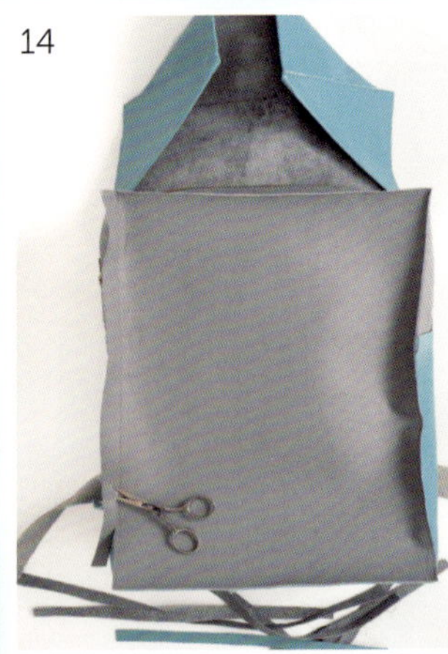

2 Das Vorderteil, das Rückteil die Deckel-Seiten und den Boden-/Seitenstreifen in der Bodenfläche zunächst mit Einlage unterbügeln; dann mit Hilfe der Klebevliesteile mit den entsprechenden Futterteilen zusammenbügeln.

3 Den Reißverschluss öffnen und die Hälften rechts auf rechts, zentriert an je eine Längsseite der Reißverschluss-Streifen nähen. Naht von rechts 5 mm breit absteppen.

4 Reißverschluss schließen. Reißverschluss-Streifen an den Boden-/Seitenstreifen nähen. Schnittkanten der Nähte mit Schrägband einfassen, Nahtzugaben in den Boden-/Seitenstreifen bügeln, (!) Bügeltuch verwenden.

5 Am Deckelteil die seitlichen Knipse (1) einschneiden. Deckel-Seiten jeweils zunächst an der längeren Kante (1–2) links auf links 1,5 cm breit an den Deckel nähen.

6 Nahtzugaben auf 3 mm zurückschneiden. Parallel mit den seitlichen Knipsen die vordere Kante links auf links in den Bruch bügeln.

7 Untere Deckelkanten 1,5 cm breit nach links umbügeln und 1 cm breit feststeppen.

8 Die kürzeren Kanten der Deckel-Seiten links auf links annähen (1–3); Nahtzugaben zurückschneiden.

9 Zwei Stücke Gurtband à 80 cm abschneiden, je eine Schmalkante zweimal 2 cm umbügeln und knappkantig absteppen. An den Leder-Trägerstreifen mit Klebeband je eine Schmalkante 1 cm breit umkleben. Leder-Träger um das Gurtband legen; mit Klebeband fixieren und mittig feststeppen.

10 Zwei Stücke Gurtband à 20 cm abschneiden, jeweils durch den Mittelsteg einer Stegschnalle zur Hälfte legen und knapp hinter der Schnalle zusammensteppen. Die Träger je 4 cm von der rückwärtigen Mitte entfernt ans Rückteil stecken; die Bänder mit den Leiterschnallen je 6 cm von der Bodenkante im 45°-Winkel anklippen. Alle Teile anheften.

11 Deckel an das Rückteil nähen.

12 Boden-/Seitenstreifen rechts auf rechts an den unteren und oberen Rand des Rückteils stecken und von Eckpunkt (= 1,5 cm von den Schnittkanten entfernt) zu Eckpunkt festnähen. Nahtzugaben an den Eckpunkten bis knapp vor den letzten Stich quer einschneiden. Schnittkanten mit Einfassband versäubern.

13 Anschließend die Seiten genauso annähen und versäubern.

14 Das Vorderteil in der gleichen Nahtreihenfolge wie beim Rückteil, jedoch links auf links annähen. Nahtzugaben hier nicht mit Schrägband einfassen, sondern auf auf 3 mm zurückschneiden.

T.B

KORK-BAG MIT INITIALEN

Größe: 35 x 41 x 10 cm • Schnittteile 13a–c auf Bogen B

MATERIAL

- Korkstoff: 50 x 110 cm in Blau
- Leder: 35 x 120 cm in Nude
- Futter: 50 x 110 cm in Grau
- Einlage (Decovil): 15 x 35 cm
- Ledereinlage (LE 420): 40 x 90 cm
- Klebevlies (Vliesofix): 6 x 12 cm
- 1 Magnetverschluss zum Einnähen
- 260 cm Gurtband, 3,5 cm breit in Dunkelblau
- Buchstaben-Vorlage für die persönlichen Initialen, ca. 5 x 10 cm

ZUSCHNEIDEN

1,5 cm breite Nahtzugaben sind in den Schnittteilen und den Zuschnittmaßen bereits enthalten.

Korkstoff:

- Vorder- & Rückteil 2 Rechtecke 38 x 44 cm
- Boden 1x

Leder:

- Vordere Blende 1x
- Rückwärtige Blende 2x
- Träger 4 Streifen 2,5 x 66 cm

Futter:

- Vorder- & Rückteil 2 Rechtecke 38 x 44 cm
- Boden 1x

Einlage:

- Boden 1x

Ledereinlage:

- Vordere Blende 1x
- Rückwärtige Blende 2x

SO GEHT'S

1 Den Boden aus Korkstoff mit Einlage unterbügeln.

2 Alle Lederschnittteile mit Ledereinlage unterbügeln.

Zuschneiden

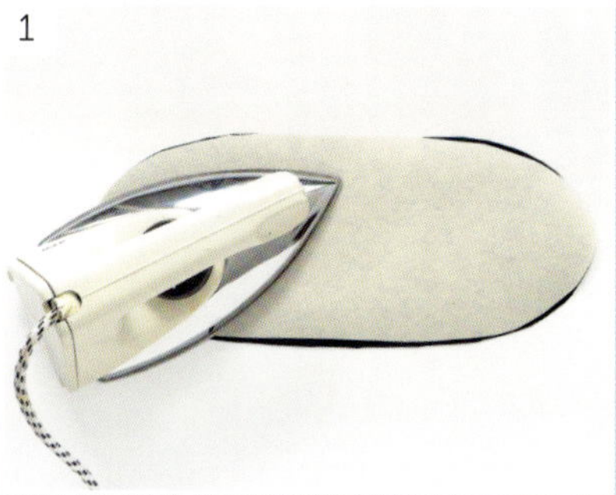
1

2

3 Die Buchstaben spiegelverkehrt (!) auf die Papierschicht des Klebevlieses pausen. (Am besten über einer Lichtquelle oder am Fenster).

4 Das Klebevliesteil auf die linke Seite eines Lederrests bügeln, die Buchstaben exakt ausschneiden und im Abstand von 5 cm zum oberen Rand zentriert auf ein Taschenteil (= Vorderseite) bügeln. Achtung! Hierbei evtl. ein Bügeltuch verwenden.

5 Initialen knappkantig applizieren. Tipp: Faden-Anfang und -Ende nicht mit Rückstichen vernähen, sondern etwas länger abschneiden, auf die Rückseite ziehen und verknoten.

6 Die Teile für die rückwärtige Blende rechts auf rechts legen und die obere Längsseite zusammennähen. Magnetverschluss-Hälften, je 2 cm von der Schnittkante entfernt zentriert an die vordere und die rückwärtige Blende nähen (jeweils auf die Seite, die später die Innenseite ergibt).

7 Die vordere Blende an das Vorderteil nähen, dabei die Öffnungen für die Träger aussparen.

8 Die rückwärtige Blende an das Rückteil nähen.

9 Nun bei den Blenden die Seitennähte schließen, dazu die vordere Blende rechts auf rechts im Bruch legen und die seitlichen Ränder (nur im Leder) zusammennähen. Die rückwärtige Blende ab der Naht rechts auf rechts legen und ebenso nähen. An den Ecken die Nahtzugaben bis knapp vor die Naht schräg abschneiden.

10 Die Seiten der Taschenteile zusammennähen.

11 Futter-Taschenteile aufeinander legen und die Seiten zusammennähen, dabei an der oberen Kante 1,5 cm frei lassen und an einer Seite mittig eine Wendeöffnung lassen. Futter-Boden einsetzen.

3

4

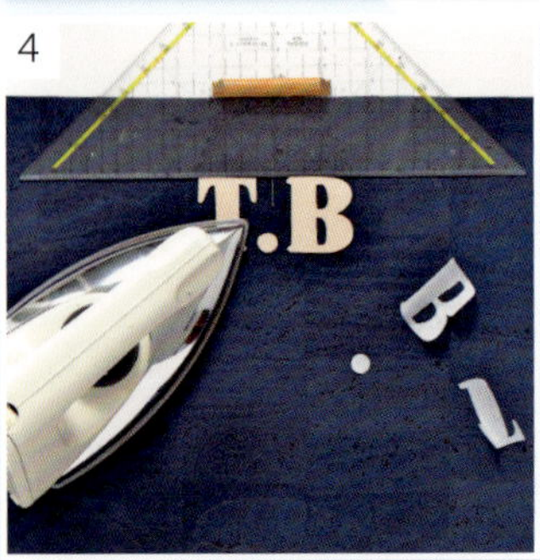

5

6

7

8

9

10

11

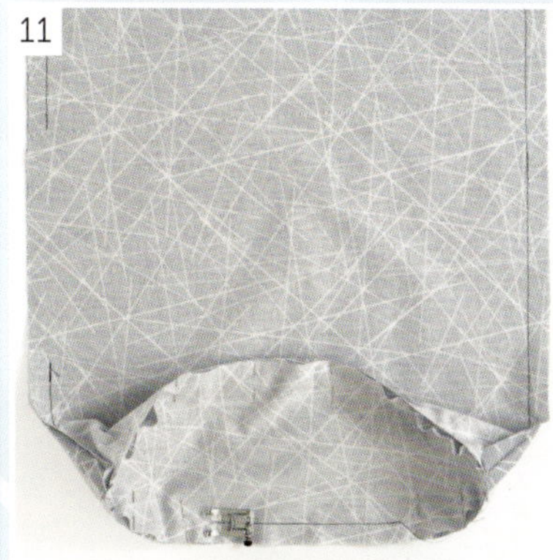

12

12 Futter an den Kork-Beutel nähen. Nicht vergessen, beim Vorderteil die Trägeröffnungen frei zu lassen!

13 Futter in den Kork-Beutel stecken. Blenden im Nahtschatten absteppen. (Oberfaden Blau, Unterfaden Beige). Trägeröffnungen auslassen!

13

14 Den Griff-Ausschnitt mit Kugelschreiber auf die rückwärtige Blende übertragen. Rundum 5 mm neben der Linie absteppen. Das Innenteil genau auf der Linie ausschneiden.

15 Für die Träger-Öffnungen mit Kugelschreiber je 7 cm entfernt von der Seitenkante und 3 cm parallel zur Oberkante eine 3,5 cm lange Linie zeichnen, diese dann ringsum absteppen und an der gezeichneten Linie aufschneiden.

16 Das Gurtband halbieren. 2x je 2 Leder-Streifen zusammennähen. Je einen Leder-Streifen mittig auf ein Gurtband legen und an den Längskanten knappkantig aufsteppen.

17 Träger auf eine Länge von 126 cm zurückschneiden und durch die vorgesehenen Löcher fädeln. Trägerenden am unteren Rand des Vorder- und Rückteils im Abstand von 8,5 cm zu den Seitennähten anheften.

18 Durch die Futteröffnung den Kork-Beutel auf links wenden und den Korkboden einsetzen.

19 Kork-Beutel zurückziehen. Öffnung im Futter schließen. Rucksack auf rechts wenden.

14

15

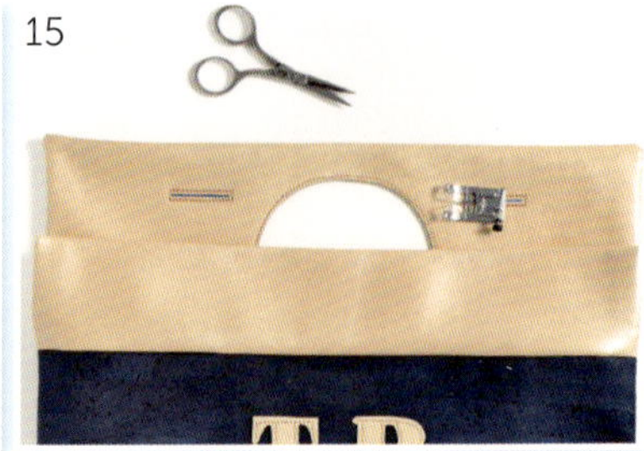

16

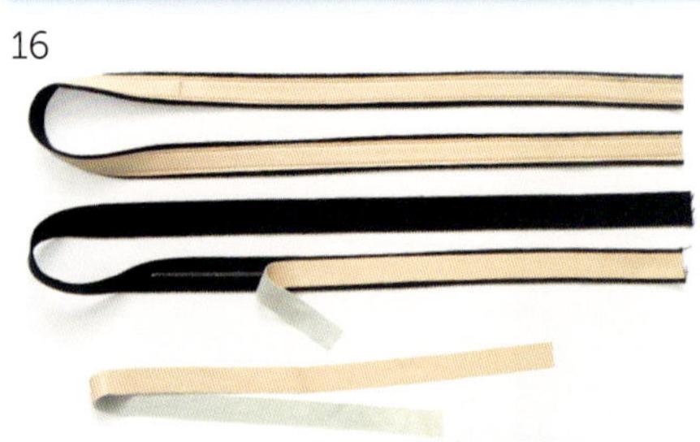

17

18

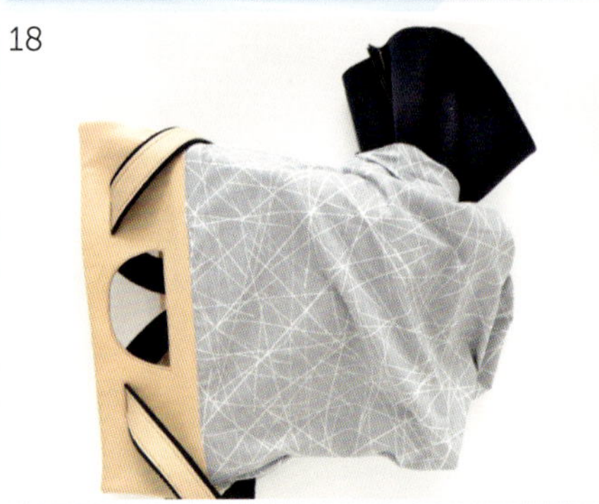

19

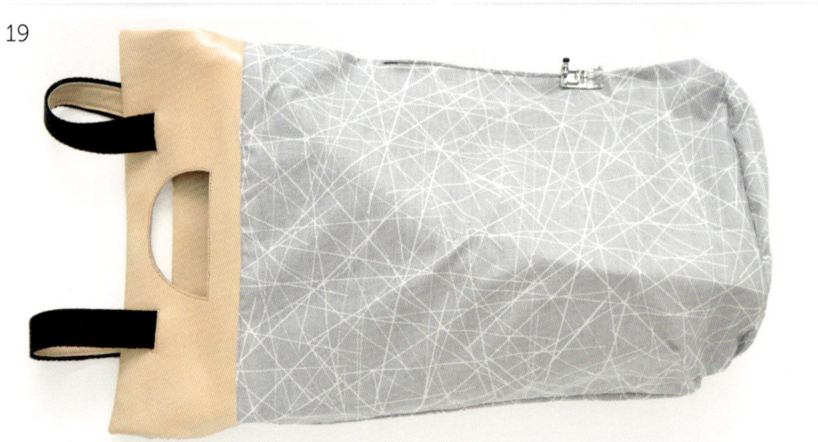

METALLIC-SAMTBEUTEL

Größe: 37 x 46 cm • Schnittteile 14a–d auf Bogen C

MATERIAL

- Pannesamt: 65 x 90 cm in Rosa
- Leder: 25 x 140 cm in Silber
- Futter: 65 x 120 cm in Grau
- Einlage (Decovil): 25 x 35 cm
- Gewebeeinlage (G 700): 60 x 90 cm
- Knopflochseide in Grau
- 2 Metall-Reißverschlüsse, 20 cm lang in Grau
- 370 cm Kordel, 6 mm Ø in Grau

ZUSCHNEIDEN

1,5 cm breite Nahtzugaben sind in den Schnittteilen und den Zuschnittmaßen bereits enthalten.

Pannesamt:

- Rückteil 1x
- Mittleres Vorderteil 1x
- Seitliches Vorderteil 1x seitenverkehrt

Leder:

- Seitliches Vorderteil 1x
- Träger 4 Streifen 3,5 x 100 cm
- Kordel-Lasche 2 Streifen 3 x 8 cm
- Aufhänger 1 Streifen 3,5 x 35 cm

Futter:

- Rückteil 1x im Stoffbruch
- Taschenbeutel 4x

Einlage:

- Seitliches Vorderteil 1x seitenverkehrt

Gewebeeinlage:

- Rückteil 1x
- Mittleres Vorderteil 1x

SO GEHT'S

1 Das seitliche Samt-Vorderteil mit Einlage unterbügeln.

2 Rückteil und mittleres Vorderteil mit Gewebeeinlage unterbügeln.

Zuschneiden

1

2

3 Samt-Seitenteil rechts auf rechts an das mittlere Vorderteil nähen, dabei die Öffnung für den Reißverschluss frei lassen. Nahtzugaben auseinander bügeln.

4 Reißverschluss unter die Öffnung legen, einnähen (= Reißverschluss in der Kellernaht) und rundum 5 mm breit absteppen.

5 An der Reißverschluss-Kante des seitlichen Vorderteils bei 0,7–1 cm Nahtzugabe einen Taschenbeutel annähen, dabei die Naht je 1,5 cm von der Schnittkante beginnen bzw. beenden. Taschenbeutel links auf links wenden und vom Reißverschluss weg bügeln.

6 An der Reißverschlusskante des mittleren Vorderteils den Gegentaschenbeutel annähen. Taschenbeutel am unteren und oberen Rand zusammennähen. Die seitlichen Ränder der Taschenbeutel an den seitlichen Rand des Vorderteils heften. Überstehenden Stoff beischneiden.

7 An der anderen Vorderteilseite mit dem Lederteil die Schritte 3–6 wiederholen.

8 Vorder- und Rückteil rechts auf rechts aufeinander legen, die unteren Ränder zusammennähen.

9 Nahtzugaben auseinander bügeln und mit doppelseitigem Klebeband fixieren.

3

4

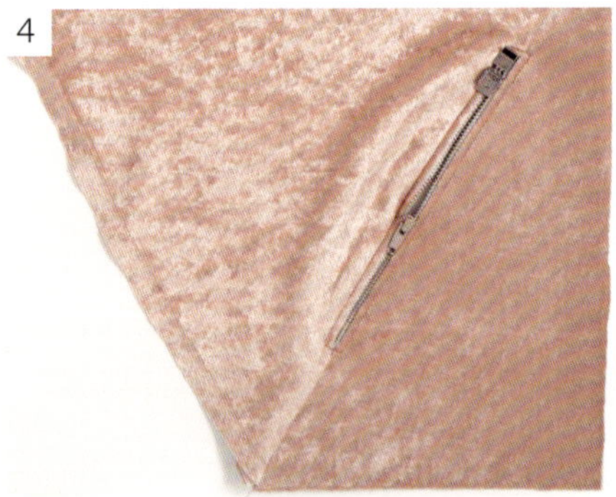

5

6

9

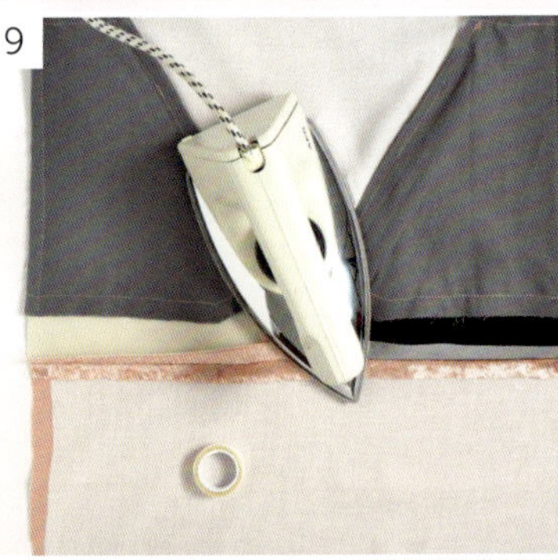

8

Bill Granger
EASY ASIA
WHAT KATIE ATE
KATIE QUINN DAVIES
UMSCHAU

10 Die Streifen für die Kordel-Laschen quer, links auf links zur Hälfte legen und im Abstand von 2 cm zum unteren Rand auf die Vorderseite heften.

11 Vorder- und Rückteil rechts auf rechts aufeinander legen und die seitlichen Ränder bis zur Schlitzmarkierung zusammennähen. Nahtzugaben an der Schlitzmarkierung quer einschneiden.

12 Futterteil rechts auf rechts zur Hälfte legen und die seitlichen Ränder bis zum Schlitz zusammennähen. Nahtzugaben an der Schlitzmarkierung quer einschneiden.

13 Außenbeutel auf rechts wenden, die Ecken sauber ausformen. Futter links auf links in den Außenbeutel schieben und die Lagen an den Schlitzkanten links auf links aufeinander heften. Anschließend die Schlitzkanten 1,5 cm nach innen einschlagen und 0,7 cm breit ab Bruchkante absteppen (oder 2x 0,7 cm breit einschlagen und dann knappkantig absteppen).

14 Für die Kordeltunnel die oberen Ränder der Vorder- und Rückseite je 2x 3,5 cm breit nach innen einschlagen und knappkantig feststeppen.

15 Von der Kordel 28 cm abschneiden. Den Aufhänger-Streifen längs, links auf links zur Hälfte falten, die Kordel bis zur Buchkante zwischen die Lagen schieben und so knapp wie möglich neben der Kordel absteppen, dabei am Streifenanfang und -ende je 3,5 cm frei lassen. Nahtzugaben auf 2 mm zurückschneiden.

16 Den Aufhänger am Rückteil in der rückwärtigen Mitte unterhalb des Tunnels auflegen und die Enden mit 6 cm Abstand zueinander knappkantig feststeppen.

17 Für die Träger 2x je 2 Streifen zusammennähen und je 170 cm Kordel, wie beim Aufhänger beschrieben, einnähen. Tipp: Die Nahtzugabenabschnitte für die Reißverschlusszipper aufheben.

18 Träger laut Foto einschlaufen. Träger unter den Kordel-Laschen miteinander verknoten.

19 Aus den Nahtzugabenabschnitten 2 schmale, 20 cm lange Streifen schneiden und in die Reißverschlusszipper knoten.

10

11

12

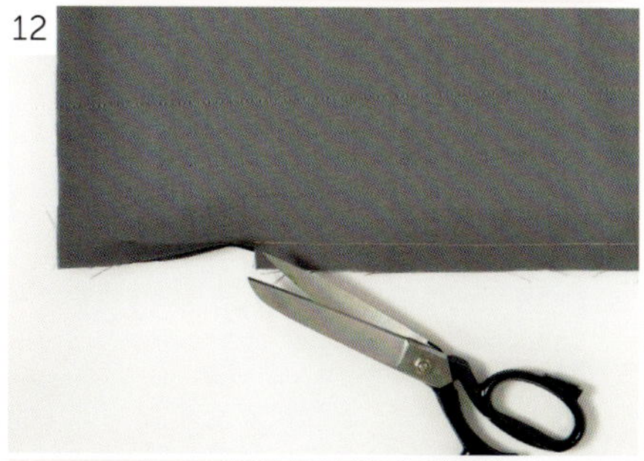

13

14

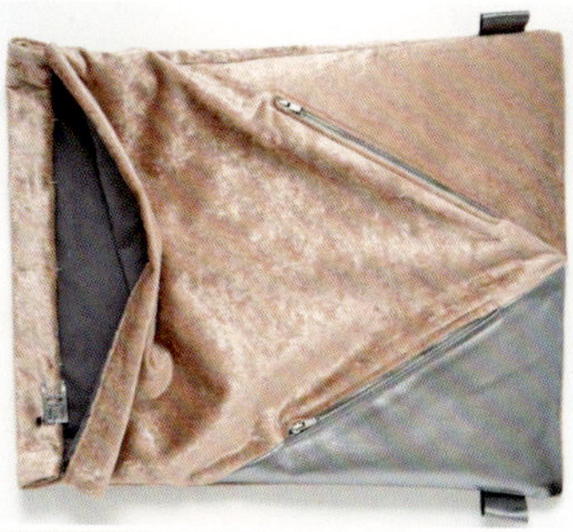

15

16

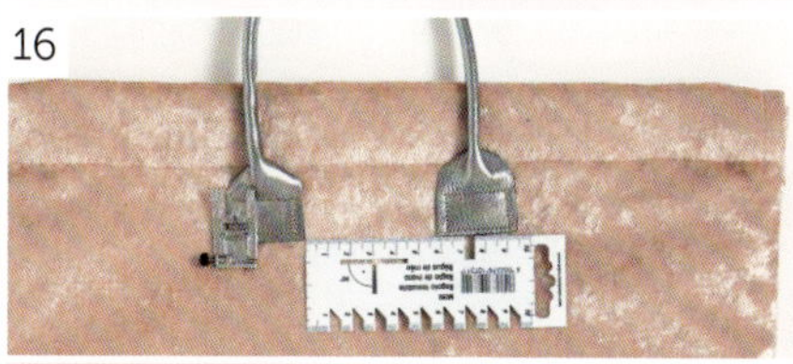

17

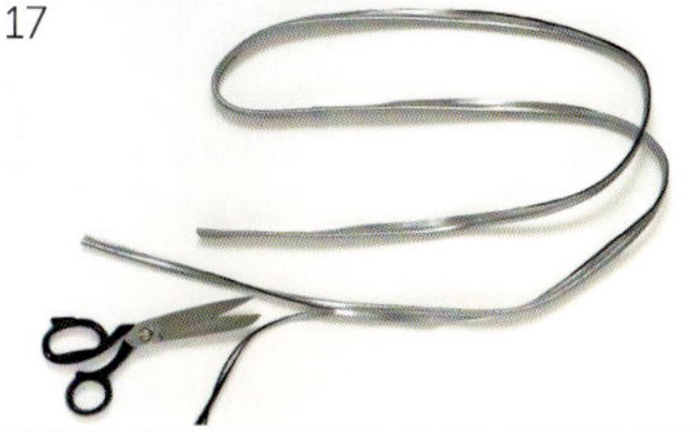

18

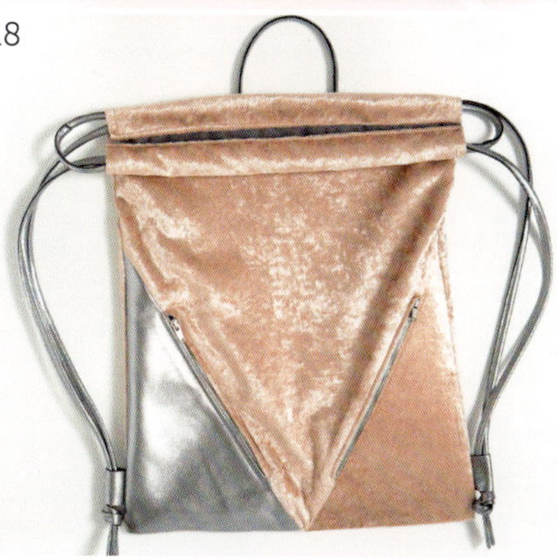

19

JUNGLE-BACKPACK

Größe: 28 x 40 x 12 cm • Schnittteile 15a–i auf Bogen D

MATERIAL

- Baumwollstoff: 80 x 140 cm in Weiß mit Blättermotiven
- Futter: 45 x 100 cm in Schwarz
- Glattleder: 15 x 45 cm in Schwarz
- Einlage (Decovil): 20 x 35 cm
- Volumenvlies (H 640): 45 x 90 cm
- Gewebeeinlage (G 700): 6 x 55 cm
- Klebevlies (Vliesofix): 30 x 35 cm
- 100 cm Kordel, 6 mm Ø in Schwarz
- 8 Ösen, 10 mm Ø in Silber
- 2 Leiterschnallen, 3 cm breit in Silber
- 2 Gürtelschließen, 2 cm breit in Silber
- 130 cm Gurtband, 3 cm breit in Schwarz
- Knopflochgarn in Schwarz
- ca. 400 cm vorgefalztes Schrägband, 1 cm fertige Breite in Schwarz

ZUSCHNEIDEN

1,5 cm breite Nahtzugaben sind in den Schnittteilen und den Zuschnittmaßen bereits enthalten.

Baumwollstoff:
- Vorderteil 1x
- Rückteil 1x
- Seitenteil 2x
- Boden 1x
- Klappe 2x
- Träger 1x und 1x gegengleich
- Seitentasche 2x
- Gurtband-Lasche 2x

Futter:
- Rückteil 1x
- Boden 1x
- Träger 1x und 1x gegengleich
- Gurtband-Lasche 2x

Einlage:
- Boden 1x

Volumenvlies:
- Rückteil 1x
- Träger 1x und 1x gegengleich

Klebevlies:
- Klappe 1x

Gewebeeinlage:
- Randbeleg Vorder- & Seitenteile 6 x 55 cm

Leder:
- Verschluss-Oberteil 2x
- Verschluss-Unterteil 2 Streifen 2 x 28 cm

Zuschneiden

1

SO GEHT'S

1 Mit Hilfe des Klebevlieses die Klappenteile zusammenbügeln.

2 Volumenvlies auf die linke Seite des Rückteils sowie der Träger bügeln.

3 Boden mit Einlage unterbügeln. Das Futter auflegen und rundum anheften.

4 Oberstoff-Träger jeweils mit den passenden Futterteilen verstürzen, der oberen Rand bleibt als Wendeöffnung frei. An den Ecken die Nahtzugaben laut Bild zurückschneiden.

5 Träger entlang der Längsmitte absteppen. Vom Gurtband zwei Stücke à 42 cm abschneiden. Je ein Gurtbandende 2x 2 cm eingeschlagen knappkantig feststeppen, das offene Bandende im Abstand von 1 cm auf den unteren Rand eines Trägers nähen, Band umklappen und absteppen.

6 Für den Griff 26 cm Gurtband abschneiden, längs zur Hälfte falten und die mittleren 12 cm knappkantig zusammensteppen.

7 Die runde Kante der Klappe und die Eingriffkanten der Seitentaschen mit Schrägband einfassen.

8 Seitentaschen auf die Seitenteile legen – die Eingriffkante hat absichtlich etwas Mehrweite – und anheften.

9 Vom Gurtband zwei 10 cm lange Stücke abschneiden, jeweils durch den Mittelsteg einer Leiterschnalle zur Hälfte legen und an eine Gurtband-Lasche aus Oberstoff heften. Das Teil mit einem Futterteil verstürzen. (!) Zwei gegengleiche Teile nähen.

10 Träger im Abstand von 2,5 cm zur rückwärtigen Mitte, Griff mittig obenauf, Gurtband-Laschen im Abstand von 6 cm zur Bodenkante an das Rückteil stecken. Alle Teile anheften.

11 Die Seitenteile an das Vorderteil nähen. Schnittkanten mit Schrägband einfassen. Am oberen Rand den Streifen Gewebeeinlage aufbügeln. Oberen Rand 2x 3 cm breit nach links umbügeln.

12 In den verstärkten oberen Rand nun Ösen einschlagen. Von der vorderen Mitte zu jeder Seite bei 4 cm die erste Öse einschlagen, danach immer mit 8 cm Abstand zueinander. Beim Futter-Rückteil 7 cm von der oberen Kante entfernt und 8 cm von der rückwärtigen Mitte entfernt ebenfalls 2 Ösen einschlagen

2

3

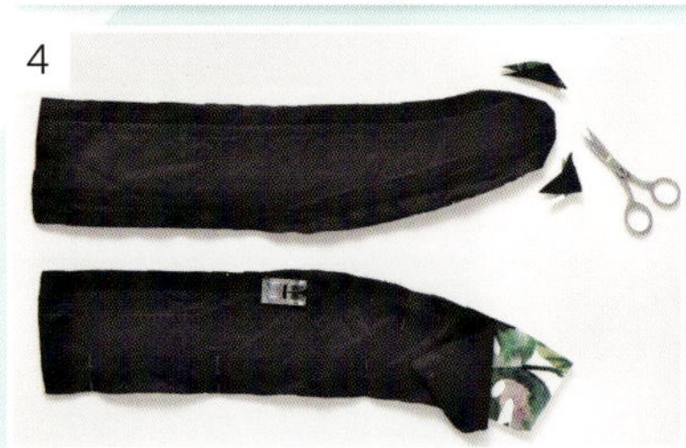
4

5

(evtl. Futter an den Stellen mit einem Streifen Gewebeeinlage verstärken).

13 Verschluss-Oberteile laut Schnitt mit Knopflochgarn absteppen. Löcher einstanzen. Verschluss-Oberteile mit dem Klebeband laut Schnittmarkierung auf die Klappe kleben und nun den oberen, trapezförmigen Teil knappkantig aufsteppen.

6

7

8

9

10

11

12

13

14

15

16

17

18

19

20

14 Klappe rechts auf rechts an den oberen Rand der Oberstoff-Rückseite nähen.

15 Futter-Rückteil über die Klappe legen und ebenfalls an den oberen Rand nähen.

16 Futter links auf links auf das Oberstoff-Rückteil wenden, den oberen Rand absteppen; die offenen Kanten anheften. Die Ösen im Futter nochmals mit einer Parallelnaht sichern: Dafür jeweils im Abstand von 6 cm zum seitlichen Rand senkrecht ca. 4 cm lang neben den Ösen durchsteppen.

17 Im Abstand von 2 cm zu einer Schmalseite die Verschluss-Unterteile lochen, 1 Gürtelschnalle einlegen, Bandende umlegen und feststeppen.

18 Verschluss-Unterteile mit Klebeband parallel und mit 6 cm Abstand zur Seitennaht von der Bodenkante ausgehend festkleben, dann mit Knopflochseide knappkantig aufsteppen.

19 Vorder- und Rückteil zusammennähen. Schnittkanten mit Schrägband einfassen.

20 Boden einsetzen. Schnittkanten mit Schrägband einfassen. Rucksack wenden.

21 Kordel von der Innenseite aus einfädeln.

ZUBEHÖR & GUT ZU WISSEN!

ZUBEHÖR

Folgende Dinge werden generell benötigt und sind in den Anleitungen nicht noch einmal gesondert aufgeführt:

- Nähmaschine & Zubehör
- Teflonfuß oder Rollenfuß für Leder
- Passendes Nähgarn
- Schnittmusterpapier & Stift
- Schneiderkreide/ selbstlöschender Markierstift
- Stoffschere/ Zwickschere/ Rollschneider mit Schneidematte & Lineal
- Stoffklammern/ große Büroklammern
- Stecknadeln und Nähnadel
- Nahttrenner
- Doppelseitiges Klebeband, 6 mm breit oder spezielles Lederklebeband
- Bügeleisen & Bügeltuch

- Handmaß/ Maßband
- Revolver-Lochzange
- Nietenzange

GUT ZU WISSEN!

Bevor du mit dem Nähen beginnst, lies zunächst die **gesamte Anleitung** zum ausgewählten Modell durch. So bekommst du einen Überblick und kannst sicherstellen, dass alle benötigten Materialien und Zutaten vorhanden sind.

Nahtzugaben sind in Schnittteilen und Zuschnittmaßen bereits enthalten. Falls nicht anders angegeben, sind sie 1,5 cm breit.

Leder ist ein Naturprodukt und jede Haut ist einzigartig. Bedenke beim Lederkauf, was du aus dem Leder nähen möchtest und achte darauf, kein zu dünnes aber auch kein zu dickes Leder zu verwenden. Achte auf eine gute Qualität, minderwertiges Leder kann abfärben oder sich aushängen. Im Zweifel frag den Lederhändler, ob sich das ausgewählte Leder für dein Modell eignet.
Die abgepausten Schnittteile zum Lederkauf mitnehmen und direkt vor Ort testen, ob alle Schnittteile auf die Haut passen.
Übrigens! Eine vegane Alternative zu Leder ist **Korkstoff**. Dieser ist ebenfalls ein Naturprodukt und kann bei vielen der gezeigten Modelle das Leder ersetzen.

Einen normalen Nähfuß kannst du „pimpen", indem du Masking Tape oder Malerkreppband unter die Gleitsohle klebst. Falls keines dieser Zubehörteile zur Hand ist, kann die Oberseite an der Nählinie mit einem Streifen Seiden-/Backpapier abgedeckt werden. Nach dem Nähen das Papier vorsichtig wegreißen. Alternativ das Handmaß (zwischen Stoff und Füßchen) neben der Naht mitführen.

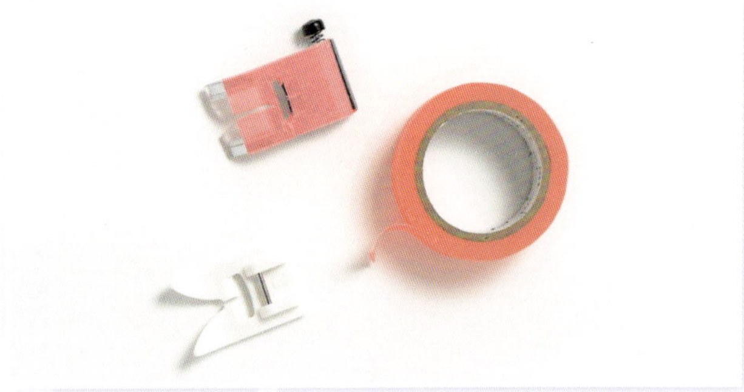

LEDER (KORKSTOFF)-VERARBEITUNG

ZUSCHNEIDEN

Schnittteile können nicht mit Stecknadeln aufgesteckt werden, da diese dauerhafte Löcher hinterlassen. Daher die Schnittteile auf die linke Seite legen und die Kanten rundum, in nicht zu weiten Abständen mit kleinen Stücken transparentem Klebestreifen oder kleinen Gewichten fixieren. Schnittteilkonturen mit Bleistift, Kugelschreiber oder Schneiderkreide aufzeichnen.

Schnittmarkierungen mit Hilfe von farbigem Schneider-Kopierpapier und einem stumpfen Bleistift auf die linke Stoffseite übertragen. Auf der rechten Stoffseite lassen sich mit selbstklebenden Papier-Punkten (Bürobedarf) oder Klebestreifen Markierungen anbringen.

Schnittteile mit dem Rollmesser ausschneiden. Leder franst nicht und muss deshalb nicht versäubert werden.

NÄHFUSS

Der normale Metall-Nähfuß bleibt gerne am Leder „kleben" und die Lagen verschieben sich beim Nähen gegeneinander. Abhilfe kann ein Teflonfuß, ein Rollenfuß für Lederarbeiten oder eine spezielle Transportplatte mit kleinen Transportzähnchen schaffen.

NÄHEN

Dünnes Leder lässt sich mit einer normalen Nähnadel Stärke 80–90 nähen. Für dickeres Leder gibt es spezielle Ledernadeln.

Achtung! Ziersteppnähte besser nicht auftrennen – die Einstichlöcher bleiben sichtbar.

Als eine Art „Heftfaden" kann ein Klebestift dienen. Er hinterlässt keine Rückstände auf der Nähmaschinennadel, wenn anschließend noch einmal über die Nahtzugabe genäht wird.

BÜGELN

Die Leder-Oberseite sollte keinesfalls in direkten Kontakt mit der Bügelsohle kommen. Daher immer ein Bügeltuch oder Backpapier auflegen, wenn von der rechten Seite aus gebügelt wird!

Falls sich die Nahtzugabe nicht flach bügeln lässt, kann diese auch mit Lederklebeband flach geklebt werden.

IMPRESSUM

Entwurf, Realisation und Steppfotos:
Theresa Bachler
Fotografie und Styling:
Florian Bilger Fotodesign
Redaktion: Judith Wiedemann
Lektorat und Vorlagen: A. Reuß
Gesamtgestaltung und Satz:
GrafikwerkFreiburg
Reproduktion: RTK & SRS mediagroup GmbH
Druck und Verarbeitung: Printfactory, Istanbul

2. Auflage 2017

ISBN 978-3-8410-6451-6
Art.-Nr. 6451

Hersteller/Bezugsquellen

- Buttinette, Wertingen
  www.buttinette.com
- Brünink & Hemmers GmbH, Nordhorn
  www.stoffe-Hemmers.de
- Fauck GmbH, Berlin
  www.fauck.de
- Freudenberg Vliesstoffe SE & Co. KG, Weinheim
  www.vlieseline.de
- Gütermann GmbH, Gutach-Breisgau
  www.guetermann.com
- LOXX® über Schaeffertec GmbH, Sprockhövel
  www.loxx-produkte.de
- Prym Consumer Europe GmbH, Stolberg
  www.prym-consumer.com
- Siebenblau, Berlin
  www.siebenblau.de
- Snaply GmbH, Au in der Hallertau
  www.snaply.de
- Stoffe Brünink & Hemmers GmbH, Nordhorn
  www.stoffe-hemmers.de
- Stoff und Stil GmbH, Halstenbek
  www.stoffundstil.de
- Union Knopf GmbH, Bielefeld
  www.unionknopf.com

Alle Rucksackmodelle wurden auf Maschinen der Firma elna genäht. Wir bedanken uns für die Unterstützung.
www.elna-naehmaschinen.de

Kreativ-Service

Sie haben Fragen zu den Büchern und Materialien? Frau Erika Noll ist für Sie da und berät Sie rund um alle Kreativthemen. Rufen Sie an! Wir interessieren uns auch für Ihre eigenen Ideen und Anregungen. Sie erreichen Frau Noll per E-Mail: **mail@kreativ-service.info** oder Tel.: **+49 (0) 5052 / 91 18 58**

Besuchen Sie uns im Internet: **www.christophorus-verlag.de**